내 마음속 영산회상

노보살 일진행의 행복한 신행 시집 2

내 마음속 영산회상

운주사

나의 찌꺼기

십 년이면 강산이 변한다는
옛 어른들의 말씀이 생각난다
부처님 따라
신발끈 조여매고 나선 지
엊그제 같은데
강산이 세 번이나 변해 가다니
세월이 이렇게도 빠른가
믿기지 않는다
숱한 어려움을 견뎌내며
난행고행에 물러서지 않았던 세월
부지런히 나를 걸러낸 그 속에
나의 소신이 담겨져 있었다

그냥 버리기 너무 아까워
예쁜 단풍잎처럼
아름다운 꽃잎처럼
하나 둘 모은 것이 때 묻지 않고 시들지 않아

싱그러이 대숲처럼 살아 있다
진솔한 나의 이야기
그 모습을 드러내어
세상 밖에 나와 댓돌이 될 수 있을까

그 어디엔가
그 누구에겐가
유익할 수만 있다면
오랜 세월 나의 찌꺼기
역시 모아 두길 잘하지 않았던가
한번쯤 보여 주고 싶기도 하다
알고 싶어 하는 이에겐 알려 주고
듣고 싶어 하는 이에겐 들려 주고
보고 싶어 하는 이에겐 보여 줄 수 있는
삼십 년 나의 찌꺼기

누가 가진 보물보다
누가 지닌 보석보다
누군가가 누린 화려함 그보다 더
성스러운 반야의 세계로 이르는
무지개다리 되었으면 하는 바람일 뿐
그 속에 들어앉은
내 마음을 보며 내 모습을 보며
한 세상 스쳐가는 보람

이러히 여미며 채워 가네
오늘도 쉬지 않고 그러히 간다

마하반야바라밀

나의 도량

화단 앞에 내방
넓은 두 짝 유리문 넘어
눈만 뜨면 마주 보는
푸른 잎새들
감사하고 고마운 친구요
도반이다

이사할 때 따라온
소나무 분재에 민들레 한 포기
올해는 대가족이 되어
끊이지 않고 그 얼굴을 내민다
가족묘지 솥발산 길녘에
처음 본 흰 민들레 한 포기
옮겨다 심은 것이
어우러져 피고지고
백발의 홀씨도 끊임없이 피고 날고
조석으로 아니 틈만 나면
그들 곁에 다가간다

사랑초는 겨우내 꽃을 피워 내고
봄을 맞아
냉이꽃 진달래꽃 민들레꽃 제비꽃
이름 모를 노란 들꽃 친구까지
연산홍도 따라 피어
긴긴 밤도 긴긴 낮도 나랑 함께 산다

새벽예불에서 시작되는 나의 하루
그들은 나와 함께
정진하는 둘도 없는 도반이다
예불소리 염불소리 독경소리
흠뻑 배인 친구들이여
그 몸이 다하면
부디 수행할 수 있는 몸 받아
진리의 세계에 도전할 수 있기를 바란다

소리 없는 소리 그 눈빛으로
나는 묵묵히 속삭인다
무엇을 더 구하랴
충만으로 가득한 나날인데
티없이 맑게 살고 가자구나

멍하니 앉은 채로

어둠이 깔려오듯
점점 컴컴해지는 한낮이다
이웃 산이 흐려지면서
고층아파트 사이를
아스라이 비가 뿌린다
멀리서 간간히 들려오는
천둥소리를 지나보내며
멍하니 앉아
지난날을 뒤적거린다

지금 내 곁에
도반 한사람 있다면
오손도손 옛이야기
솜사탕마냥 뭉게구름마냥
피어오르련만
혼자서 주고받는 소리 없는 옛이야기
부처님 만나서
허겁지겁 달려온 이야기
눈으로 마음으로 듣는다

한생이 멀지 않은 탓인지
바쁜 세상 사람들
만나기 어렵서라

세월가면
찾아올 것 같은 한가로움일지언정
스스로 진작에
만들어 봄직도 한데
내가 내 마음대로 쓰는 시간
누가 막으랴

어느 날
한 생각 멈추어 돌아볼 때
자유로이
호젓한 나만의 시간
자유로이
포근한 너와의 시간
자유로이
성큼 도반들의 시간까지
가까스로 낼 수 있었던
깨어있는 소중한 삶이 되도록

속절없이 가야 할
그날이 오기 전에

탐진치 번뇌 망상
애착에서 벗어나
대 자유인으로 살고 가야지

아미타불

새해 첫날

허공은 무척 맑기만 하다
하늘을 치닫는 인간의 천재성에
새로운 한해를 걱정이라도 하듯
바람이 방향 감각을 잃은 채
몸부림치는 새해 첫날
부처님 오신 날까지
보궁에 꽂은 깃발을 향해
오늘을 내닫는다
하온데 이쯤에서 쉬라는 채찍인 듯
바른편 다리가 많이 불편하다
하지만 정상에 꽂은 깃발을 어쩌랴
엉덩이로 밀고 가도 가야 한다
이번 길 힘들어도 견디어
기어이 포기하지 않으리라
이것이
한 천하에서
내가 받을 나의 몫인데
어이 싫다 하리
잘 다독거려 함께 가리라

애타게 노여워하지 않으리라
이것이 수행자의
본분이 아닐런가

마하반야바라밀
_무자 일월 첫날

천팔십일을 보내고

쏜살같은 세월은 멈추어 있지 않아
만 삼 년인 천팔십일을 보낸 오늘
지난 삼 년 전을 되돌아 읽어보면서
그때를 떠올려 가슴 뿌듯함이여
긴긴 종일을
어떻게 서서만 견디었을까
아스라이 살아나는 생각에
새삼 신심이 솟는다
겁 없이 내디딘
금강 같은 그 마음 때문에
천팔십일을 금시 하루처럼
전국에 회원을 떠올려
그러히 기도할 수 있지 않았을까
이제사 그 마음이 그 마음임을 안다
나 아닌
당신들을 위함이었기에
그토록 다가설 수 있었음이여
그 인연으로
군승단 삼십주년을 다녀오고

익산 군법당을 다녀오기도 했다
하사관학교 교장선생님을 비롯
군 불자님 그 가족분들의
깊은 환영을 받으며
법사님의 배려로
미륵사지를 둘러볼 수도 있었다
더욱 열심히 정진하리라
다음 생은
막힘도 걸림도 없는 수행자가 되려
고우신 님 곁에서
난행고행을 멈추지 않는다
화사한 봄빛 같은 밝음으로
전국 곳곳에 맺어진 인연 하나하나
그마다
그 영혼이 다하도록
부처님법 안에서 예배 정진하여지이다

마하반야바라밀
_이천년 구월 삼십 날

부처님

날마다
너무나 소중한 나날입니다
오늘 하루도
새벽예불에서 시작되었습니다
물러섬이 없는 끈질긴 불연으로
새로운 서원마다
환희심을 쏟아 붓는
용광로 같은 신심은
삼십 성상이 뒤로 밀려난
세월입니다

이제 육신을 돌려보내야 할 즈음
염불 한 자락
진언 다라니 한 구절 한 단락
알뜰히 챙겨 지니려 합니다
이 몸뚱이 벗어 놓는 마지막 순간
두려움을 여읠 수 있는
연습이 급급한데
어찌 핑계나 게으름으로

늦장 부를 겨를이 있겠습니까

님이시여
인과를 지극히 믿어
좋은 씨앗
잘 뿌려 잘 가꾸어 잘 거둘 수 있는
운명의 새로운 열쇠는
스스로 녹슬지 않게 하겠습니다
법계에 흥건한 진리를
한껏 차지하여
퇴보나 머무름이 없는
성숙한 모습으로

주려 자고
주려 먹고
주려 입고
늘려 정진하는 굳건한 자세로
저 진공을 향해
한걸음 늦추지 않겠습니다

진리에서 오신
님이시여
저희를 지켜보시옵소서
여법한 재가수행자로서

그 어떤 마장 장애에도 굴하지 않고
부지런히 정진하겠습니다

나무석가모니불

지난날을 다시 본다

멀리 사라져 버린
까마득한 기억 속에서도
너무나 선명한 꿈인가 아닌가
그 조차도 가리지 못해
황홀함 속을 얼떨결에 넘긴 그날
거대한 산문이
활짝 열린 대도량
대웅전 좌우 긴 담장이
기와지붕을 이고 버티고 선
상상을 초월한 넓은 계단으로
몰려오는 대중들 그 선두엔
존경하는 큰스님이 함께하셨다

때마침
천불 점안식을 갖는다는
안내 방송이 들려온다
분명히 내가 잘 아는 사람인데
왜 목소리가 달랐을까

높은 곳에서 아래를 지켜보는 나
피할 수 없는 그 도량의 주인이었다
십 년이 훨씬 넘은 세월에도
마치 그때인 듯
현실 반 꿈 반의 사실이
너무나 생생하다
혹여 먼 다음 생을 본 것이 아닐까

그 순간이
현실로 내게 다가올 것 같다
부지런히 수행 정진하는
인연의 도래함이
오롯이 나를 찾아올 수도
내가 찾아갈 수도 있지 않을까
참다운 정진의 금강 같음이
무엇인들 못 이루랴
부처님 가까이 더 가까이
진리와 무상을 나란히
다부진 수행정진을 할 수 있었음에
무한히 감사한다

오는 생 출가 수행자의 큰 서원으로
스스로 알고 만들어가는
나의 다음 생이기에

반듯하고 원만히 만들리라
지금 나의 서원은
대도량을 꿈꾸지 않는다
아담하고 조촐한 도량
그 속에 인품이 소중할 뿐이다

마하반야바라밀

나의 보물 1호

연꽃 모양
엷은 북청색 옥 향로에
향 한 개비 인이 되어
불씨의 연을 만나
하루살이보다 짧은
한생을 열어간다
생사의 집 애착은커녕
주어진 인과에 순응하는 모습
아름다워라

핑계나 방편 따위에
머무르지 않아
그저 충만이 가득할 뿐
스스로 불법의 표상이 되어
일편단심
영혼은 공허한 진리 속으로
육신은 무너져
향로 가득히 쌓일 뿐
티끌모여 태산이라 뉘 말했던가

내 작은 손 한 뼘에도 닿지 않는
짧은 향 한 개비
새벽마다 연을 만나
불사른 그 몸이
무너져 내린 후신
그가
향로를 가득 채운 세월을 돌아본다
비워 내고 다시 차오르길
몇 차례였던가

이른 새벽마다
그의 일생을 지켜보기
삼십 성상을 훌쩍 넘어
아릿다운 그 모습
가슴 깊숙이 새겨져
나는 그에게 내 마음을 내민다
당신처럼 살겠노라고

그러하옵거늘 내 어찌
세상 것에 끌려 사랴
가물가물 파묻힌 그 몸
속속들이 마저 태우며
돌아서지 않고 나를 지켜주는 그대
이 세상에 단 하나뿐인

충만으로 차오른 나의 보물 1호

그가
시간이 움직이는 것 세월이 가는 것을
몸으로 역력히 보여주면서
게으르지 말라
시간은 기다려 주지 않는다
이러히 무지를 깨워주며
나더러 지혜로이 살라 하네

연약한 향 한 개비 한 개비
내려앉은 그 마지막 몸을 담은
엷은 북청색 연꽃 향로
나의 소중한 보물 1호
내 이생을 닫는 그날까지
우리는 서로를 지키며
오늘을 맞아 내일을 열어 간다

마하반야바라밀

삶

산다는 것
참으로 별것도 아닌데
나에게 남은 무엇으로든지
어느 때 어디에나
작은 도움이라도 될 수 있다면
있는 대로 쏟아부으리라
얼마 남지 않은 삶
새로이 마음 다진다

산다는 것
정말 별것도 아닌데
잘 먹고 잘 입고 잘 쓰는 것이
행복이 아닌 줄 알면
추호도 욕심 부릴 일 없는데

청렴 소박하여
육안으로 볼 수 없는
한 인간의 장엄으로
바람을 거슬릴 수 있는

향기를 지닌다면
얼마나 아름다울까

한 생각
작은 깨달음일지언정
남의 이야기론
그림의 떡일 뿐이리라
본래의 선근이 없이는
다소곳이 뿌리내리기까지
애써 충고나 채찍보다
사랑으로 배려하는
지금껏 키워온 나를 지키는 것이
수행자의 삶이리라

찾아 일하고
찾아 공부하고
묵묵히 다스려온 마음 안에
숱한 행복들이
기웃거리며 모여드는
이런 나의 삶이고 싶다

범어사 1

오늘 범어사 신임
주지스님 진산식
불자들의 큰 잔칫날
어디서들 왔는지
칠층 사리탑전은
인산인해를 이루었네
일주문 가까이에
입석 우리자리
나름대로 편안했다
진행되는 식순에 따라
대덕 스님네 말씀 많이 듣고
시장 어른님 말씀도 듣고
선물도 한보따리 받고
점심공양도 받고
우리 부처님 큰댁 잔칫날
이백 분이나 되실 법한
많은 스님네도 뵙고
총무원장 스님 손도 잡아보고
포교원장 스님 손도 잡아보고

새 주지 스님 손도 잡아보고
열심히 정진한
비밀이 숨은 듯하다
큰 법당 부처님 뵙고
매화향기 그윽한
염화실 큰스님도 뵙고
소담스레 핀
할미꽃도 만나고
주지실 뒤 담장
염화실 앞 담장 사잇길에서
오랜만에 뵙는 도무스님
부여잡고 엄청 반가웠지요
정겨운 도반들의 만남 또한
빼놓을 수 없는 소중함이었지
원주실에
보살계 접수하고
챙겨 받은 떡 세 쪽
도반이 배낭에 넣어 업고
하산 길에
만성암 목련꽃 잔치에
들렀더니
법당 안에 불보살님
화사한 비단가사 자락에
멍하니 한눈팔다가

엎드려 절하고
물러앉아 쉬어 나와서
백목련꽃
드리워진 그늘에 앉아
검은 콩이 박힌 떡 나눠 먹으며
한 순간 자연에 맡겼던 몸
포대화상
천진한 웃음 속에서
일으켜 세워
하산길에 올라
두 도반이랑 셋이서
오늘 애기 꽃피우며
지하철까지 걷는다
큰 잔칫집 나들이
충만한 하루 행복했네

범어사 2

나의 발심도량 범어사
정관 큰스님이 계실 때를
강산이 변해간 십 수 년만에
그 세월을 거슬러본다
주지스님 뜨락을 들락거리던 시절
돌이켜보건대
그때는 젊음이었나 보다

분신처럼 돌보던 화분들
큰 주먹 작은 주먹만한 분盆에
빨간 장수매가 겨우내 피고
할미꽃이 피고
철쭉이 피면
애기사과 해맑은 꽃이 피어
열매를 굵히며
앙증맞게 익어가던
큰스님 뜨락에
사계를 실어 나르며
기쁨을 나누던

소꿉놀이 같았던 작은 분들
지금은 흩어져 오간 데 없다

그 시절
신심이 허공을 치솟던
나의 발심도량 범어사
고분고분한 육신은
무수히 해낸
삼천 배 철야정진에도
트집하지 않았다

오월의 죽순처럼
신심이 밤낮으로 자랄 무렵
대웅전 관음전 뒤뜰
화단 둘레석을 심고
그 언덕배기 철쭉을 심던
신심과 함께 불사른 젊음
그때도 행복했고
지금도 무한한 행복을 누리고 산다

어느 해 설을 맞아
원색 비단으로 만든 손누비 동전지갑
예쁜 소쿠리에 담아
큰스님께 드렸더니

무척 좋아하시면서
세배 온 보살들께 나누시던 기억
지금인 듯 생생하다
시봉 보살님의 부탁으로
흰 고무신 바닥 회색 깔개
만들어 드릴 적 또한 새롭다

아스라이 가버린 추억들
허허 넓은 세상 속 오솔길 녘에 핀
잔잔한 들꽃들처럼 간들거린다
올해로 서른 세 해
새벽예불에 이어진
끈질긴 정진이 이러히도
행복한 나를 만들었다
얼마나 값진 삶인가
부처님께 감사하는 마음
오지랖에 늘 싸고 산다

마하반야바라밀

보물 진언 다라니

흔히들 말하기를
사바를 일러
고해라 일컬으니
그 세월 속에서
삶이 힘겨울지라도
순간은
고해의 파도일 뿐
달리 무엇이라 명 하리
부디 행이라 불행이라
묶어 놓칠 마오
와서 가고, 가서 올 뿐이네

광명진언을 외우면서
빛의 밝음에 감사하며
신주다라니를 외우면서
세상 흐림을 맑혀 가는 마음 안에
한 생각
불보살의 은혜 아님 없고
가피 아님 없네

이러히 좋을시고
부처님 법 만남이여
사람 사람들 가슴마다에
따뜻함이 돋아나고
마음 마음마다는
가없이 허허 넓어져서
세상 것을 다 담을 수 있어지이다

숱다히 많은 날
나의 이 서원으로
한 생각 멈추어 돌아보니
일찍이
내 마음 넓어 있었네

아미타불

소망

님이시여!
작은 나 아니게 하소서
세상 만류를
바다처럼 받아들여
대지와 같은 포용으로
허공처럼 큰 가슴 열어
태양처럼
평등을 아끼지 않아
가뭄에 단비처럼
소중한 한 존재로
머물다 가게 하소서
나의 모자람을
충만으로 가득하게 하소서
향기로운 봄바람 되어
세간에 깊숙이 스며들게 하소서
있음이나 없음이
둘 아닌 하나임을
지극히 알게 하고서
부디 옹졸하지 않아

세상이 보는 높은 이 보다
세상이 보는 낮은 이에게
두 손 모아 고개 숙여지게 하소서
보다 작은 것에
넓은 가슴 움직이게 하소서
아무리 힘겨워도
진리 앞에 망설임 없게 하소서

님이시여!
늘 당신 곁에 머물러
허공처럼
대지처럼
바다처럼
높고 넓어 가없는 삶으로
지극히 복되이 살게 하소서
님이시여!

맑은 영혼

지금 나는 무엇인가
육신을 가진 영혼
그럼
이 몸 이전엔
육신 없는 영혼
그렇다면
그 영혼 이전엔 무엇이었을까
태양계에서 부서져 내린
빛의 한 부스러기였을까
먼 전생에 누구에겐가 밟히고 있던
작은 풀포기나 아니었을까

그나마 나에겐
다행스럽게도
탐진치를 벗어던지고
이 사바의 혼탁함을 여읠 수 있는
맑은 영혼이 있다
잘 다스려 먼 훗날
진공에 머물기를 기약한다

불생불멸의 세계
영원한 진리를 향해
이 몸과 마음
추호도 아끼지 않는다
핑계나 게으름
마장 따위에 굴하지 않고
그들을 뛰어넘어
부단히 정진하리라
금생의 닦음으로 모자랄지니
오는 생 오는 생
보다 더 긴 생일지라도
거뜬히 쫓아가리라

나에겐
하늘이 무너져 내려도
기필코
떠받칠 신심이 있다

아미타불

혼자이기에

난행고행 기나긴
고독의 길 마다 않고
외로움을 껴안고
고요를 일구어간다
더러는
적적함을 읊으며
혼자임을 키워 간다

붓글도 쓰고
백지 위에 마음도 그리며
걸려오는 전화마저
기다림을 놓으니
고독이 성큼성큼 자람을 본다

이러히
스스로 고독을 즐기며
긴 시간도
무료함으로 뒤적거리지 않는다
혼자 공부하다

혼자 일하고
짬짬이 꽃밭에도 놀며
혼자이기에
혼자 속에 더욱 익숙해져
혼자만의 적적한 행복으로
혼자 온 길 돌아보아
혼자 갈 길 다듬나니

행여 누가 찾아오려나
행여 누가 반겨 주려나
기웃거림조차 벗어 놓아
뻥 뚫린 혼자임을 지키며
스스로 고요를 찾아 쓴다

찰나 찰나는
무상일 뿐이다

불생 가비라
성도 마갈다
설법 바라나
입멸 구시라
이는 내가 즐겨 읊는 대목이다
마하반야바라밀

육신의 한계

무심코 돌아보니
지극한 마음으로 님 따라 나선지
어언 삼십 성상
강산이 세 번이나 변해 갔구나
하늘이 잡힐 것 같은 신심으로
여지껏
육신의 한계를 느껴보지 못했는데
나도 모르는 사이 언제 왔는가
일흔의 문턱에 이르러 있다

이제 육신도 그 수위를 넘는지
백팔 배의 속도가 조금씩 늘어진다
하지만
세월도 육신도 어차피 가는 것
아껴본들 게으름을 피워본들
거기서 거긴데 무엇이 다르랴

이것저것 비켜 놓고
깨달음으로 나선 길에

나의 삼대 원칙이 있었으니
하나, 좋아서도 기도하고
싫어서도 기도한다
둘, 줄여 먹고 줄여 자고
늘려 기도한다
셋, 난행고행을 아끼지 않는다

이러히 내가 좋아 나선 길
어찌 마다하랴
육신이 좀 더 쉬고저 할 때
내심 걱정마라
죽으면 영원히 쉰다
지수화풍 돌아가면 푹 쉬거라
이러히 게으름을 몰아내곤 했지

이 육신 정말 아껴주지 않았는데
그래도 떼쓰지 않고
순순히 따라준 고마움 때문에
마음 나는 육신 너에게
항상 은혜로운 마음으로 절을 아끼지 않는다
그 기운은
육바라밀 나의 양식으로
뜨거운 신심을 식히지 않으니
불평 없는 나날이 된다

다음 생은 부처님 더 가까이에서
한 점 티없는 출가 수행자로
수행 정진하려는 일심 발원이
육신의 한계를 기꺼이 맞는다

나무불 나무법 나무승

내가 좋아 나선 길

출가도 아닌 세속에서
내가 좋아 나선 길
어느 날
무심코 돌아보니 그 자리가 그 자리였다

그대로 빙글빙글 돌다 갈 것을
그래도 어느 생에 지었던 복력인가
놓을 수 없었던 불연 때문에
부지런히 정진을 아끼지 않았으니
멀디먼 만 날이 눈앞에 이르렀다

그 세월
한 날 한 날이 모이고 쌓이어
만 날이 되기까지를
육안으로 볼 수 있다면
수미산에 버금가지 않을까

몹시 뜨거운 가슴 안고
그 긴긴 세월에 감사하면서

멈추어선 마음으로 읊어 본다
태산이 무너져도
바다가 넘쳐나도
하늘 아래 있음이요
있고 없는 없고 있는 세상만사
멈추어 있듯
허공 속을 돌아 돌아 돌 뿐이라네

너 따로 나 따로도 생각의 차이
마음 따라 일어나고 사라질 뿐
대기 속에 늘 함께 있었네
행불행도 주인 없었네
스스로 알게 모르게 챙겼을 뿐이지

내가 좋아 나선 길이기에
진리도 무상도
뿌리째 캐내어 사랑했지
부지런히 정진하고 수행함이
바로 그것이었지

지난 세월 돌아보며 가슴 여민다
삼십 성상 두 손 모아 무릎 꿇어 엎드린 세월
잡힐 듯 잡힐 듯 멀어져 가도
님은 점점 가까이 있네

그대 고운 님이시여
마지막 그날까지
나에게 모든 것은 충만으로 남으리

나무아미타불

운문사 처진 소나무

늘어진 가지가지 숱하게 거느리고
일편단심 유구한 세월
봄 여름 가을 겨울 사계가
반 천년이 가깝도록 당신을 넘나드는데
그 육중한 몸 지키느라
그 세월 마디마디 숱한 우여곡절
어이 참아 견디었소

환갑에 철이 드는지
오늘 당신 부처님을 세 바퀴 돌면서
그 위대함에 눈시울이 뜨거웠소
설레는 마음 안고
만세루와 대웅보전 사이에
당신을 모시고
노련한 모습을 인화지에 담았다오
바람결에 들리는 소문
막걸리 한 말씩 드신다던데
참이든 참이 아니든
당신을 우러러 합장합니다

세상 부처님의
천 응신 만 응신으로
사방 간방으로 처진 소나무 부처님

운문사 대도량에
연꽃으로 피어나는 비구니 스님네
향내음 물씬 배인
가사 장삼자락 나부끼는 바람결에
나직하니 목탁소리 염불소리
밤낮으로 끌어안고
억 천의 깨달음으로 세월 가네
진작에 왔던 이들 떠나고
느지막이 온 이들 마저 떠나보내고
밤새워 떠는 풍경소리에
갈피갈피 젖은 사연 복되이 거느리고

천년을 지키소서
만년을 지키소서
인연이 도래되면 그때 다시 오리다
납월 막 나흘 오후
병자년이 뉘엿뉘엿 저물어 가네

아미산

눈 덮인 아미산을 오르며
보현보살님 만 번을 부르던 날
어느 허공 속으로 숨어 버렸다

해발 삼천구십 미터 설산을
미니버스로 기어오르니
호텔 문을 나설 때
몰아치던 바람 어딜 가고
높 낮은 구름만 떠 놀고 있네

아미산 상봉 금정에
거대한 백상 타신 보현보살님
당신을 부르는 간절함을
미리 다 아시고 들으시고
추위도 흐림도 다 거두셨으니
금정 추녀 끝에 한가로운 낙수 소리
우릴 반긴다

한반도에서 중국 아미산까지

정성스레 안고 간 연꽃다발
두 분 스님이 받으시어
높은 상단 좌우에 꽂아 주셨네

업고 간 향공양 쌀공양 과일공양에
이 마음도 함께 공양 올려
보현보살님께 두 손 모아 무릎 꿇고 엎드려
울먹이던 날
낮과 밤에 떠밀려 자꾸 간다

구름 위에 우뚝 솟은
아미산 정상 금정에
대 백상 타신 보현보살님
그 조용하신 엷은 미소에
한 겨울이 녹아내리던 포근함

그 넓은 사랑 온몸으로 받으면서
그 기쁨 가이없던 날
그곳 가이드가 말하건대
한 달에 한 번 보기도 극히 어렵다는
해발 칠천 미터인 공가산

우리는 기적 같은 만남으로
우린 산을 보고 산은 우릴 보던 그 행운

깊숙이 세월 속에 묻혀가도
염념이 떠오르는 님의 모습만은
좀처럼 지워지지 않고
새벽마다 새벽마다 아른거린다

나무보현보살님

_병자년

촛불

황금빛 반야심경으로
그 몸을 장엄하고
촛대 위에 나투신 그대
본래 없었던 몸이라 그러하온가요

지펴진 불씨에 추호의 두려움 없이
우리 마음 밝히려 세상 맑히려
몸이 무너져 내리는 고행
그 성스러움으로 거룩함으로
중생은 해맑은 지혜를 만난다

가슴에서 마음으로
님께 오체투지 한 이 몸
그도 본래 없었음을
그 마저도 내 것 아님을
인연이 다 하면 되돌려 줘야 함을
가슴으로 느껴 안다

팔만사천 번뇌는

내 암울했던 무지를 개고
팔만사천 법음으로 갈아입는다
새벽이 밝아오듯
텅 비어 허허 넓은
대명천지 광명천지여라

이러히 촛불아래서
한 마음 다스리는 성스러움으로
진리와 무상의 깃발을 몸소 들고
허허로이 한가로이
괴로움 벗어던진 나의 삶이여

저물어 오는 한 생을
촛불이시여 당신처럼
한 티끌 두려움 없이
기꺼이 맞으리다
아름다이 맞으리다
내 영혼이 다시 태어남을 위하여

나무아미타불

설악을 오르다

비가 막 개인 풋풋한 오후
새벽에서부터 줄곧 쫓아와
오르는 외설악 벼랑 끝에
사정없이 미끄러져 곤두막질하는 물줄기
산산조각 나
본연의 생명조차도 망각한 듯이
인연의 한 몫에 최선을 다하던 모습
아무 일도 없었던 것처럼
온화하게 다시 모여
자연의 은혜에 감사하듯
흥얼거리며 어디까지 가는가
바쁘게만 보인다

선 채로 전신사리 되어
경관을 지키는 낙락장송
쓰러져 누워 갈 곳을 모르는 아름드리 장송들
그 몸이 되기까지
알뜰한 세월 애석하지만
귀 기울여 보면

산사에서 보내오는 사물의 울림에
정토왕생은 한 순간이라오

어느 덧 산그늘이 길어진다
약간은 바쁜 마음 잰 걸음이 되네
들릴 리 없는 저녁 종성이
멀리서 쟁쟁거려 오는 듯
어둠이 계곡을 차오르기 전에
손이 발이 되는 고갯길을 넘어서야지

고행의 한 자락으로
해마다 찾아오는 길이련만
돌아설 땐 늘
알지 못할 아쉬움이 서성거린다
님의 품안이여서일까
떠날 때는 언제나
뒤돌아 보이는 걸음이라오

삼천 배 참회기도

올해로 스물한 번째 삼천 배 참회기도
대도량에서 열여덟 번
내 좁은 도량에서 세 번 모아 스물한 번
옹고집처럼 살아온 지난날이
마치 오늘인 듯 눈앞에 모여든다
서원한 마지막회

과거 현재 미래 삼천부처님께
삼천 배 참회기도
새벽부터 예불하고 독경하고
다라니 진언 염불 발원문으로
어우러진 사분정근
삼천부처님을 부르는
아미타부처님을 부르는
이것이 나인지도 잊는 순간
님의 향기로 가득 채워진 도량이었네

삼천 배
어렵고 힘들긴 하지만

정진 속에 초초마다
나의 행복을 느낄 수 있었다

총총 내린 비로
오랜만에 화분에 물을 주면서
바싹 다가와 있던 겨울이 주춤 물러서 있음을 본다
할미꽃이 피고 앙상한 가지마다 꿈틀거린다
그 속에서
멈추어 있듯이 가는 나를 발견한다

누군들 삶이 없으랴만
수행과 정진으로 영글은 삶이
바로 내 것이기도 하다니

난행고행을 넘고 건너오느라
어찌 온전하기만 했으랴만
인내로 견디어 낸
벙어리 같았던 지난날이 모아진 긴 세월
삼십 성상이 낳은 나의 오늘
기쁨 속 저만치에
삭혀진 아름다운 눈물도 있다

실로 그 모양이 있다면
이 세간에 고이 내놓고 싶지만

그럴 수 없기에
내 그동안 남은 찌꺼기를 모아 보았으니
유식하지 못해 볼품은 없지만
이렇게 살 수 있었음을 감사하는 마음
보잘것없음을
보잘 것 있음으로 내놓을까 한다

해마다 이맘때가 되면

여름인 듯
언제 가을이 되었구나
황금빛 들판이 일렁거리고
쏟아져 나온 햇과일들이랑
코스모스 들국화도 함께 왔네

해마다 이맘때가 되면
놓았던 당신을 만나보게 되네요
내 남은 여생
못다 함을 채우느라
깊은 잠도 깨우고
지친 몸도 달래면서
보다 금강 같은 신심으로
무상도를 찾아 나선 걸음
부처님처럼 살 수 있기를
일심 발원하면서도

해마다 이맘때가 되면
허공 속에 묻혀진

기사년 그 가을이 돌아든다오
하지만 내 남은 시간
더 다부진 마음으로 정진하다
때가 되면 나도 가리다
당신도 나도
어느 어디에 누구로
바꿔 입은 모습은
서로 모르겠지요

대지는 계절을 실은 채
계절은 만중생을 싣고
기적이 울지 않아도
뱃고동이 울지 않아도
당신을 보낸 가을처럼
뒤돌아보지 않고 가는 세월 안에
만들어진 나의 생을 보내며
다시 만들어가는
새로운 생의 따끈함으로
오늘을 여닫는 보람

한가슴 가득히 날로 채워가면서
생사의 두려움
그 마저도 잊음으로 간다오
한 생에 부부였던 그 인연 때문에

오직 당신도 어느 어디에서
수행하고 정진하길
간절히 바랄 뿐이라오
어느 가을

무명베 바지

머언 세월 전에
어디엔가 한번 쓰였다가
밀려난 짜투리 무명베
쓸 일 없어
한번 씩 뒤적거려보던 무명베
우리 어머니가 짜신
우리 무명베
고이 간직하고 있었기에
시절인연이 도래되어
흰 베 그대로 조각조각 모아
법 바지 두 점
집에서 입고 정진하려
내 이 두 손이
숭숭 홈질로 만들었지
입으면 나도 모르게
왜 그러히
편안하고 정감이 가는지
그러던 어느 날
절집에서 만난

예쁜 도반 묘각지 보살님
우리 집엘
어려운 걸음 하셨을 때
먹물 먹여주마
데리고 가시더니
의젓한 먹물바지 되어 다시 왔네
이젠 집에서 입기 아까운
무척 아끼며 사랑하는 외출바지라네
내 무명베 먹물바지
입을 때마다
묘각지 보살님 얼굴이 가득담긴
무명베 내 먹물 법 바지
그 몸이 다 닳도록
게으름도 핑계도 팽개치고
나 따라 정진하려드네
비록 마음 없지만
없는 그 마음 다 바쳐
님께 예배공양 올리려드네
그 이름은 무명베 먹물바지
하절기 지금엔
예쁘게 접혀진 채
옷장 안에서
가을을 기다리며 쉬고 있네

일요일 오후

영하 칠도
어제 내린 눈 위에 바람이 매섭다
조금 늦은 시간에
금정산사 범어사에 오르니
얼마만인가 눈 덮인 금정산
마치 히말라야로 연상된다

한 점 티없는 겨울 하늘은
차가움을 한껏 띠고
계명암 뒷산 상봉에만
엷은 햇살이 널려있다

댕그랑 댕그랑 풍경소리
겨울 허공 속으로 멀어져간다
매운 바람 사이로도
참배객은 눈 속 매화처럼
다문다문 눈에 띈다

큰 법당 뒤 언덕배기에

십 년 전에 심어놓은 빨간 겨울 꽃이
얼마나 추웠던가
시커멓게 멍이 들었다

하필이면 이 겨울이 그리 좋았던가
요즘 들어 뜸해진 걸음
대웅전 부처님께 백팔번뇌를 풀어 쉬고
신중단엔 반야심경 한 편으로
각 전각엔 문 밖에서 참배하고
염화실 뜰에
겨울 분들이 어떻게 지내는가
한 바퀴 돌아 나와
빙판 진 비탈길을 걸어 본다

일주문을 지나
눈 덮인 잔디를 밟으며
칠층 사리탑을 세 일곱 번 돌았다
현존하신 부처님을 도는 마음
석가모니불 석가모니불 석가모니불

오른쪽으로 스물한 번을 돌면서
부처님의 일생이 영상처럼 지나간다
사리탑 상층 추녀 끝에
실낱같은 고드름이 매달려 있다

내일 아침 햇살에 녹아내릴 것이 아닌가
인연이 다하면 나도 그러히 없어지는 거야
육신이 지켜줄 때
정진에 정진을 거듭 나의 수행을 완성하리라

새로운 다짐으로
산사를 걸어내려 고행의 한 자락으로
지하철 두 정거장을 마저 걸으며
부처님께서 열반에 드시려
영축산에서 쿠시나가라까지
마치 그 대열인 듯
그때를 떠올려 걸어 본다
뺨을 에이는 차가움 속에 넉넉함이
내 영혼에게 너무나 알찬 순간이다

마음

그가 형상은 없어도
그래도 그가 있었기에
잊었던 듯 버렸던 듯
까마득히 멀어진 그날들을
들추어 다시 볼 수 있나니
지금인 듯
가까이 다가서 본다
멈추어 있듯 가는 세월
강산이 수없이 변해
나도 모를 사이에
금생을 닫을 즈음에 와 있다
내 어떻게 살았던가
내 어떻게 죽을 것인가
돌아보는 마음
그 누구도 모르는
나만의 마음
나만의 삶
나만의 죽음 앞에
조용히 멈추어 서 본다

되돌려 받을 수만 있다면
좀 더 잘 살을 것 같은
그 마저도 꿈속일 뿐
옛날 옛날
묻히고 덮인 시절까지
절절히 다시 찾아볼 수 있는
한 생각 고마워라
한 마음 고마워라
그 옛날 속을
한가로이 다시 거닐어 보며
다시 맛볼 수 있는 지난 시절
그 모두
울었던들 웃었던들
지금은 잔잔히 추억으로 아름답다
두고 갈 수도 두고 올 수도 없는
이 마음 하나
잘 다스려 앞세우고 오가야 하나니
천금 같은 만금 같은 마음
탐진치 번뇌 망상 다 내려놓고
저 허공처럼 열어
그 무엇에도 걸림 없으리

마하반야바라밀

꽃을 키우면서

이룰 수 없는 사랑을
일구어 가는 사랑으로
뜰에나 분에나 심어놓고
조석으로
그들을 생각하는 마음
눈으로 마음으로
대화하며 함께 산다

봄이 오면 시작되는
그네들이 살아 움직이는 갖갖 모습에서
나는
또 다른 삶을 배우곤 한다
꽃을 피워 열매를 굵히며
쑥쑥 자라서 노을빛으로 곱게 물들여져
만고에 걸림 없이
돌아가는 아름다운 모습
무상한 진리를 한눈에 보여 준다

내 그들을

축소하여 키운들
가둬놓고 키운들
구속하고 압박함이 아니니라

정녕 그들에게도
나와 소중한 인연이 있었으리라
손톱 발톱 머리를 손질하듯
옷을 단정히 입듯
떡잎을 따주고 곁가지 쳐주면서
그들을 살붙이처럼 여긴다

꽃을 사랑하여
아름다운 마음을 구하려 했다면
진실로 그들을 사랑함이 아니니라
다만 유익함을
사랑함이었으리라

황금 같은 시간도 아끼지 않고
그들과 보낸 숱한 세월
나는
당신들을 진심으로 사랑했노라
너무나 사랑했기 때문에
꺾어 단명케 하지 않았느니라
떠버리처럼 여기저기 내다 키움도

그 소중한 사랑이었느니라

시작도 끝도 없이
그들을 사랑하면서
나는 그들에게 반생을 바쳤노라
다행히도 가없는 마음이었기에
지금 마음 이대로 있지 않을까
만일
한정된 마음이었다면
나도 모르게 바닥나지 않았을까

소중한 나의 인연들
달 밝은 밤이나 비오는 창가에서도
묵묵히 마음 주며 그들을 바라보는
기쁨으로 가득하노라

봉정암 사리탑에서

무심코 바라본
사리탑 상공에
윤사월 초이레 반쪽달이
엷게 걸려 있다
설악의 계곡에서
차츰
능선으로 상봉에까지
차오르는 진회색 빛이
점점 짙어지면서
엷던 반쪽달이
도톰하게 살찌며 밝아 온다
슬그머니 내려누운 침묵 사이로
바람은 한 짐 잔뜩 무거워진다

동지섣달 눈 실은 바람처럼
세찬 밤바람이
설악 산상을 뒤흔들어도
잔뜩 안고 온 광명진언 삼만 번
그 숙제를 잃을 수 없어

물러설 수 없었던
심야 사리탑전
밤바람은 점점 사나왔지만
왜 무엇 때문일까
가혹하리만큼 불 지핀 나의 정진은
뜨거워 식을 줄 모르네
이대로 이어져
세세생생 끊이지 않을까보다

흔히들
오탁악세라 말세라고들 말하지만
이대로가 불세계인 것을
구태여 말세이랴 악세이랴
진흙 속에서
아릿다운 연꽃대가 솟아오르듯
내 스스로
아름다운 삶을 장엄해 가리라
설악산 봉정암
우리 부처님 뇌사리탑 앞에서
천주를 구르며 지샌 밤이여

옴 아모카 바이로차나 마하무드라
마니 파드마 즈바라 프라바를 타야 훔

창문을 열면

창문을 열면
대지를 새어나온
젖줄이 모인 연못가

늘어앉은 자연석 위에
무심코 안겨 놓은 분盆들이
행여 무겁지나 않은가

묵은 한해는 가고
다시 한해가 오니
할미꽃은 피어 허리를 펴 가고
명자꽃 오문 입이
조금씩 열려오네

사사죽 노란순도 밀고 나오며
삼천 배 참회 소리 함께 듣는다

철쭉이 함박웃음 털어놓을 때
그 소리 들리려나

입가에 귀 기울여진다

새침데기 찔레꽃은
언제쯤 나오련가
아직은 감감소식이다

작은 분에 붙잡힌 소나무 한 그루
넓은 세상 훌훌 나가보고 싶겠지만
사랑으로 맺어진 인연 때문에
그대로 한세상
송화도 피우고
솔방울도 굵히면서
행복을 영그리는 뜨락에
극락전 새어나오는
목탁소리 염불소리 요령소리 들으며
향내음 듬뿍 배인
스님네 가사 장삼자락
조석으로 스치면서
앉은 채로 삼보에 귀의하나니

그대들
여한 없는 삶이어라

창문을 열면

번뇌는 운해처럼 걷어지고
행복이 도란도란 정겨웁다
바로 여기
사바정토 극락세계이네

아미타불

내생으로 가는 길

육로로 수로로 항로로
차도 배도 비행기도 없이
기어서 걸어서 뛰어서
발자국 소리마저 숨겨놓은 채
한마음 멈추지 않았다
염불소리 독경소리 귓전을 넘나들며
내생으로 가는 길
마음에 보이네 눈에 보이네
산다는 것 뭐 그리 대단하던가
곧장 죽음으로 가는 길인데

걸음걸음 삼보를 모시고
염불하며 독경하며 엎드려 절하며
내생으로 가는 길에
온갖 고행 찾아 몸소 치르며 간다
역경을 딛고 빗속으로 눈 속으로
몰아치는 바람 속으로
일만 배 십만 배 백만 배

부처님 더 가까이 다가서는
화엄의 바다 속을 지나가면서
금강경 일만 터널을 빠져나와
법화경 백여덟 고개
팔도유랑처럼 넘어서
천팔십일 황금의 장
군법당 지원기도 회향을 하고
돌아보는 마음

바다를 뛰어 건넌 듯했지만
그 모두가 방편임을 보았으니
더 다져가는 마음
육바라밀 행을 아끼지 않아
내생으로 가는 길 세세생생마다
대낮처럼 밝혀가려
일심 발원하옵니다

마하반야바라밀

가버린 도반

어느 날 등기소 가는 길에
무심코 내린
부산대학 앞 지하철역
우린 가끔 이곳에서 만나
젊은 세대 틈에서 커피를 마시곤 했지
마치 당신과 약속이라도 하고
온 것 같은 마음이 되어 버린다
몸져누워 한번쯤
보여주기라도 했으면
그나마 아쉽게라도 실감할 수 있으련만
형님 하고 부르는 소리
멀어지지 않고 귓가에 맴돈다

사리자여
당신을 생각하는 마음
아물기까지
더 열심히 기도하면서 지워 가려 하오
보일 수 없는 내놓을 수 없는
산더미처럼 버티고 선 그리움

마저 떠나보내기까지
돌아올 것 같은 당신이라오
아직 나에겐 금생의 사리자로
이제 당신에겐 전생의 일진행으로
당신이 간 길
지금 나로선 내생이니
오늘 속에 삼생을 실감케 한다
잠자다 가버린 당신을 보면서
나 이 몸 있을 때
잠을 줄여
밥을 줄여
옷을 줄여
정진할 마음 더욱 굳힌다오

사리자여
내 영혼도 저 허공 속에 띄워 보면서
육신은 벗어 놓은 듯
혼자 멈춰 새워 놓아도 보았다오
삶과 죽음
그가 멀리 있지 않음을 보면서
먼저 간 당신의 극락왕생을 빌어 본다오
극락왕생 하소서
극락왕생 하소서

좌복을 만들면서

손이 마치 기계처럼 날렵히
솜 놓아 뒤집어 놓은 모습
볼품은 없어도 밉진 않았다
네면 모서리 손질하여
베를 꿰매면서
왜 그렇게들 좋아했을까

금색 옷 갈아입으시고
우리가 만든 빨간 누빔 좌복 위에
나투셔 대광명 놓으실 부처님
오직 그 한 생각만으로
환희심은 한가슴 차올랐다
부처님 좌복을 시작으로
스님네 좌복 대중 좌복까지
자정을 넘으면서
작은 하늘 천장에 닿도록 만들어
부산 대구 영천 아산으로
지치지 않았던 그때 그 마음
그 한 장 한 장마다

엎드려 절하는 일들
꿈을 접고 지혜의 눈 뜨소서
이 좌복이 거울 되어 자기 마음 보소서

저마다의 무한한 불성을 깨워
보리심으로 보리행원으로
다가서길 기원하오며
수수만 번 님을 부르는
앉은 자리 일하는 자리에서
우리는 극락을 만났지요

이따금 허공을 차오르는 신심으로
일할 수 있었음을 감사하면서
행복으로 이어진
순간들은 너무나 풍요로웠다
지극히 바쁜 시간을 훔쳐내어
일하며 기도하며 법담을 나누며
소중한 시간 속에 사려진
소중한 인연들
부처님 만난 기쁨 그 하나로
날마다 더 좋은날 되소서
고맙습니다. 성불하십시다

재등행렬

출근길 버스 노선 파아란 선 밟으며
부산역 광장에서 서면 로타리까지
오늘 부처님 오신 날 전야재 재등행렬

손에손에 등불로
소리소리 부처님 부르며
어두운 세상 밝히려
우리 부처님 오신 길 넓혀 간다

우리 스님네들 앞장서시고
온갖 장엄으로 이어진 행렬
길목마다 몰려나온 대중들의
아낌없이 보내는 박수갈채를 받으며
어린이합창단 우리 손자
고사리 손으로 목탁 치며
석가모니불 석가모니불 석가모니불

며늘애기 우리 옷 곱게 차려입고
아들 따라 통도사 포교원 행렬에서

화사한 연꽃등불 밝혀들고
종종걸음으로
석가모니불 석가모니불 석가모니불

나는 범어사 행렬에서
목탁 치며 부처님 부르며
환희에 찬 잰걸음으로
삼대가 함께한 부처님 오신 날 재등행렬
우리 부처님 오신 날 너무 좋은날
우리는 자랑스러운 삼대 부처님제자

태양이 부서져 내리는
황홀함으로 감사함으로
가슴이 차오른다

나무석가모니불
나무석가모니불
나무시아본사 석가모니불
_불기 2545. 부처님 오신 날 전야재

내가 대단하지 않으면

네가 누구이건
그를 인정하노라면
나무라거나
미워함으로 얼룩지지 않는다

내가 대단해서
악을 구하고
선을 놓치면
어느 생을 기다려 다시 구하리요

잘잘못은
순간의 포장일 뿐
한 인간 전부는 아니리다

걸고 걸림도
수위가 차올라
때묻고 추해지면
고쳐 갖기 어렵나니

내가 대단하지만 않으면
스스로 청정해지고
스스로 아름다워지고
스스로 빛이 되어 가리다

앞서거니 뒤서거니
오면 가고 가면 오고
내 것 네 것 정해짐 없나니
그것 곧 알면
진리와 무상이 확연히 보이리라

한 생각 깨어보면
행과 불행이
우리 곁에 함께 있음이니
스스로 헤쳐 나갈 뿐이라오
아파하고 괴로워할
뿌리가 없나니
얼마나 아름다운가요

내가 아름다워지면
이웃이 아름다워지고
세상이 아름다워져요
우리 모두
그 속에서 함께 행복하게 살아요

내가 대단하지 않아
나를 탁 내려놓으면
세상은 무척이나 아름다워요

정혜월 보살님

기묘년 이월 중순
올해도 삼천 배 참회기도
혼신을 쏟아 부은 사박오일
그 열정을 한가슴 채워 안고
회향 길 감포 앞바다
갯내음 물씬 풍기는 오후 한나절
파도가 넘실거리는 그 해변에서

정혜월 보살님
당신이 주신 선물 한 점
사연도 모르고 어리둥절 받아 드니
정다운 책 한 권
산에는 꽃이 피네
그 속에 존경하는 스님이 계시고
아름다운 말씀이 계신다
날마다 좋은날
오늘 회향 길 더 좋은날 되네

책갈피 뒤에

일진행 보살님
삼천배기도 입재날
창에 군자난의
황금 꽃대가 내리는 날
당신의 향기는
꽃잎의 황홀함보다
더욱더
향기롭습니다
당신의 그 길을
같이 갈까 합니다
_회향 날 아침에(1999. 3. 31)
  신 정혜월 드림

이러히
책갈피 뒤에 담아주신
당신의 마음
청정허공 같으옵니다
그 아름다움을 허공에 걸어놓으렵니다
고맙습니다

산에는 꽃이 피네
마음에도 꽃이 피네
허공에도 꽃이 피네
그 향기 법계에 두루 차서

사바중생 그 모두의
일념 수행 정진으로
이 땅이 불국정토 되어지이다
정혜월 보살님 고맙습니다.

늦가을

오곡백과는 거두어지고
늦가을 낙엽소리
마치 나를 부르는 소리 같으다
나의 계절인양
생을 마감하는 소리처럼 들린다

산사로 오르는 길
가냘픈 풍경소리 저만치 지나가는데
내 황혼길이 바싹 다가있다
빨강 노랑 갈색 가을이 경전 갈피에 끼어
행여 게으를까 나를 지킨다

우수수 남은 잎들이
싸늘한 바람결에 내려 눕는
뒤늦은 낙엽소리에
겨울이 성큼 다가와 있다

마음의 여분을 알아차리듯
황혼이 짙어오는 종착역

그 가까이에서도
무너져가는 육신을 두려움 없이
기꺼이 벗을 수 있는
알뜰한 수행과 정진으로
텅 비워 놓은 그 빈자리를
봄 여름 가을 겨울
사계가 차례로 지나간다

나도 그네들처럼
순순히 함께 가면서
무상이 너울거리는 진리 속으로
한가로이 이 육신 돌려주는 노래

나무아미타불
나무아미타불
나무아미타불

가슴에 닿는 기쁜 내 노랫소리에
무심히 맺힌 은방울이
숨 쉬는 벼랑을 굴러 내리는
그런 아름다움을 지닌
늦가을 내 삶의 풍요로움을 만끽한다

나의 정진

나 그리 멀지 않아
무너질 육신을 데리고
지극히 하고 싶은 일
기어이 해 내는 마음 있나니
시간이 흐름을 세월이 감을
애석해하지 않는다

인연이 다하면 가야 함을
조석으로 마음 늦추지 않아
그 어느 때 어디에도 묵묵히
끄달리지 않음을 스스로 감사한다

주려 먹고 주려 자고 주려 입으며
난행고행 아끼잖고
좋아서도 기도하고 싫어서도 기도하는
만리장성처럼 자란 마음
보리 되어 이 세간에 뿌려짐은
님의 은혜 단비 되어 내림 그 아니랴

내 무엇을 아끼리
온몸으로 온 마음으로
내 모든 것을 쏟아 놓으리

금생에 왔다가는 길
온통 수확으로 허공을 채워 간다
먹물 바지 무릎 앞뒤로 낡아지고
이 두 손에 지문이
본래 없었던 것처럼 닳아지도록

엎드려 절하는 님 향한 마음
세세생생토록 다함이 없기를
일심 발원하옵니다

나무석가모니불
나무석가모니불
나무시아본사 석가모니불

님의 광명

가까이도 계시고
멀리도 계시는 부처님
때로는
이천 육백년 전
그 먼 부처님을 찾아 낸다
그때마다
떠오르는 님의 광명을 본다
먼 세월 곁에도
가까운 세월 곁에도
눈부신 숨결 오묘하도다

그 광명을 한가슴 꽉 채워 안고
애타게 흠모하온 그 인연으로
조금씩 조금씩
덜어지고 비워져 가는 번뇌며 탐진치
차츰 사라져 간다
항상 부처님을 가까이 모시고
나의 전부가 이것임을 지킨다

오늘마다
환희 밝아 있는 님의 광명
놓지 못해 믿고 닦아 행함이
끊임없는 정진으로 이어져 왔다

이대로 이대로가 너무 좋아
이대로 부지런히 정진하면서
태양처럼 떠오르는 밝음 속으로
늦출 수 없는 잰걸음이 된다

언제 어디에나 가득한 님의 광명
지혜의 눈에는 보여 온다
지혜의 귀에는 들려 온다
지혜의 마음에는 채워져 온다
가고 옴이 없는
천지간에 자욱한 님의 광명으로
공존이 평등이 어깨를 겨루었네

몸도 마음도 시간도 아끼지 않았다

시간도 마음도 육신도
애써 아끼지 않고
허공 속에 쌓아가는 무형탑
언제쯤이면
이 마음에 가득 차려나

조용히 명상에 들면
그 모습 볼 수 있을 것 같은 마음
언제나 넉넉하고 든든하다

담아 부은 듯
환희심 가득히
법화경 독경 일백여덟 번
만만치만은 않다

심히 기쁜 마음으로
읽어가는 경전 속에 눈에 보일 듯한
보배 연꽃이 바다 가운데 솟아나
영축산 허공 중에 머무르고

신통력으로 만든 연꽃이
염부단금으로 줄기가 되고
백은으로 꽃잎이 되고
다이아몬드로 꽃술이 되고
루비로 꽃받침이 되었으니

아득히 먼 세월 전
이러히 경전 속의 배경들을
마치 영상으로 보듯
뇌리를 지나간다

분명 그러했으리라
마음속에 무엇인들 못 이루랴
법화경 일독 일독은
지루함을 놓은 채 쌓여간다

영축산에서 금강경을 읽고
기원정사에서 금강경을 읽던
인도 순례 때가 그리웁다

법화경을 읽고
부처님 땅을 돌아보았더라면
영축산에서의 감회가
한층 더 깊었을 것 같은 감이 든다

돋보기 너머로
진종일 경장을 넘기는 순간도
멈추어 놓을 수 없었으니
세월 속엔
산천초목도 가고
강물도 가고
나도 함께 가는구나

그러기에 유구한 오천 년 역사가 있고
부처님 오신 지도
이천육백 년의 세월이 있지 않은가

법화경 읽기도
어느덧 회향에 이르러 있다
이렇듯 신나는 삶으로
다시 사바에 오길 발원하는 간절함은
금생의 우둔함을 깨고
더 밝은 지혜로
부처님 회상에서 또 다른 모습으로
수행 정진하고 싶어서이다

문득문득 가버린 시간이
다시 돌아오지 않음을 본다
암둔한 마음을

부단히 갈고 닦으며
속속 부처되어 가는 길에

미움은 미움대로 고움은 고움대로
그 마다를
아름다움으로 영글일 수 있을 때
애써 수행하고 정진함에서
얻어낸 나의 완성이 되리라

내 기어이 진정한 내 몫으로
온갖 것에 그 마다에 그 모두에
진정한 아름다움을 찾아낼 수 있는
영원한 나의 몫을 찾아 지키리라
금강 같은 다짐으로
오늘도 쉬지 않는다

나무석가모니불
나무묘법연화경

이것이 내 것이다

줄곧 쫓아온 길
무엇을 구했던가
기나긴 세월 속에
진정한 내 것이 무엇인가
보이지도 들리지도
내 놓을 것도 없는 마음 그것

하지만
붙들고 다스리지 않았더라면
얼마나 허탈할 뻔했던가
어차피 내 가졌던 모든 것
영원히 소유치 못할 것
진작에 털어놓길 잘했지
바둥바둥 끌어안고 있었으면
이 마음 얼마나 무거웠으랴

이제 남은 일 있다면
내 남은 것
더 주리고 더 나누고

더 버리는 것일진대

무엇에 마음 두고
무엇에 마음 주랴
훌훌 털고 가벼이 가는 길
닦는 일 그것뿐일세
얼마나 다행인가

어디 그뿐인가
모든 애착 모든 집착
일찍이 훌훌 벗어 놓을 수 있는
나를 보는 마음
더욱 편안하고 훈훈하나니
그 무엇도 더 필요치 않다

콧노래 부르며
무상보리 일심으로 가꾸면서
평화로이 나는 가련다
부처님을 만난 인연의 감사함을
오지랖에 싸안고
세세생생
님 곁에 님 곁에 있으리

찾아다니지 않아도

머무르는 곳곳에 기쁨이 있다
그릇에 담아낼 수 없고
보따리에 싸낼 수 없어도
이것이 내 것이다
그 마저도 다스리지 않았더라면
제멋대로 우쭐거리지 않았을까

일념의 반세기 감사하기만 하다
이것이 내 것이기에
_윤이월 스무 사흘

예순의 막바지

한번쯤 열어 보고 싶어도
열어볼 수 없는 미래의 세상

한번쯤 되돌아 가 보고 싶어도
가볼 수 없는 가버린 세상

볼 수 없고 갈 수 없어 인내로 덮어 둔다
낮에 나온 하얀 반달은
있는 둥 마는 둥 하지만
어둠이 슬슬 내려지면
그 모습을 살려 내나니

없듯이 있고, 있듯이 없는
그대로가 진리임을 보네

고삐 한번 돌리는 대로 세상은 다르지만
그냥 그대로에 나는 있네

애써 무엇에 마음 주랴

어디에 나를 주랴
한생의 긴 여정 속에서
새겨 담은 님의 말씀 식힐 수 없네

엄청난 제자리걸음으로
그조차 모르는 채 오늘이 있기까지
많이 가지고 온 것 같으나 아무 것도 없이
바쁘게들 쫓아온 길일 뿐이네

주름살은 깊어 있는데
언제쯤 간다는 걸 아무것도 모르는 채
백년을 천년처럼 만년처럼

모자란다는 마음 거두어
남겨놓고 간다는 마음으로
한 생각 바꾸어 보면
허공 속에 부처님을 뵐 수 있네

이대로 이대로에
그림자 없이 환희 웃으며
한세상 한가로이 보내고 가려네

아미타부처님

반세기도 훨씬 전에
나를 낳아주신 우리 어머니
아흔의 세수로 지금 계신다
이 딸자식
쌓은 공덕이 모자라
지금 어머니께 해드릴 것이 없다

늘 가슴 저미다가
할 수 있는 것으로
마지막 선택한 이 길
새벽마다
어머니를 대신하는 간절함으로
아미타부처님을 불러 드린다
나무아미타불
나무아미타불

울 어머니 계신 동안 편안하시고
울 어머니 가실 길 더 편안히
극락왕생 하시기를 기원하면서

그 인연으로
새벽마다 어머니를 뵈옵고
문안드리는 마음이 된다
못다 한 일 하고 싶은 일
이렇게라도 만들어 가면서
스스로 즐거움을 만난다

연로하신
이 세상 모든 어머님들
극락세계를
아시는 분이나 모르시는 분이나
아미타부처님을
아시는 분이나 모르시는 분이나
이차인연 공덕 되어
다함께 가시는 길 안온하시고
극락왕생 상품상생 하시옵소서
어쩌면 이 간절함이
진작에 나를 기다렸을지도 모른다
이 기쁨으로
나는 나를 행복하게 한다

나무아미타불
나무아미타불
나무아미타불

큰스님을 보내드리는 마음

광덕 큰스님 입적 닷새째 날
스님은 떠나시고
오늘 법체를 보내드리는 날
아직 봄은 이른데
바람한 점 없는 화창한 봄날 같으다

영결식이 끝나고
다비장으로 밀리는 인파는
인산인해를 이루었다
뒤따라 다비장에 오르니
불이 지펴져 푸른 솔가지 사이로
연기가 밀고 올라오고 있었다
차츰 다가오는
따뜻한 불기운을 받으면서
아미타부처님을 불러드리는 마음

높으신 스님
다시 뵐 수 없는 아쉬움으로 얼룩진다
그 간절함을 어떤 모양으로

세상 밖에 내 놓을 수 있을까
이렇게라도 백지 위에 내려놓고 싶었다

염화실을 오르내리는 인연 있었기에
가까이에서 스님을 또한 뵐 수 있었다
일 년이 채 못 되는 세월 스님 가까이에서
그 잔잔한 미소에 여몄던 마음
스님을 실은 불길 속에 여지없이 탄다
님께서 떠나신 빈자리
알뜰한 수행과 정진으로 메꾸어 가리다

가시는 길에 주신 점심공양은
설익은 봄날 소풍 길 같으다
다비장 자락 자락에
평화로이 흩어 앉은 그대로가
큰 스님의 선물인 듯 기대진다

내 영혼 어느 쯤에나 스님처럼 살고 갈 수 있을까
마음 추슬러진다
줄어드는 불길 속에 덧없음을 읽으며
자정이 온다
서슴없이 오르내리던 염화실 뜨락
큰스님 뵙던 그 인연으로
또 다른 생에서 다시 뵐 수 있기를

마음 깊숙이 묻어둔다

불편하신 몸으로 늘 웃으시면서
그 뜰에 서 계시던 모습이 떠올려진다
일 년을 기다려 핀 꽃들 여미어
스님 방문 앞에 옮겨 놓아드리던 시절
그때 그 마음으로 돌아가 본다
뵐 때마다 두 손을 모으시고 보살님 고맙습니다
하시던 맑으신 모습 고우신 말씀이
한가슴 밀려든다

이 사바에 큰 횃불이셨던 우리 큰스님
저희들 마음속에 큰 자리하셨던 스님
더 큰 빛이 되셔서
미혹한 중생 곁에 다시 오소서
가슴으로 읊어보는
마하반야바라밀
_기묘 정월

삼십 년 세월 앞에

나만이 나만이던 시작이
너도
당신들도
우리 모두로 번져
온 인류가
병고 없이 백년을 향수하여지이다
일체중생들 모든 괴로움에서 벗어나지이다
로 자리잡히면서
내 영가 내 조상만이 아닌
일체 영령들은 정토에 왕생하여지이다
로 뿌리내렸으니
남북 간 평화통일이야
기본으로 자리 매김하게 되었다
해가 뜨고 해가 지는
그냥 만 날이 아니고
먹고 일하고 잠자는
그냥 삼십 년이 아님을
가슴으로 맛보면서
너와 나

우리 모두
이 세상 저 세상이
따로 아닌 하나임을 여실히 앎으로
세상 것
내 것에 남의 것에 붙은 마음
편안히
그 모두 내 것인
그 모두 남의 것인 마음 되어 가나니
이 은혜
무릎이 해어진들 깨어진들
이 두 손에
지문이 다 닳아 없어진들
엎드려 절하여 어이 다 갚으리까
님이시여!
태산을 먼지로 날릴 수 있었다면
날렸을 것 같은
수미산을
바닷물로 씌울 수 있었다면
씌웠을 것 같은
그 마음
어찌 그냥 얻을 수 있었으리오
때로는 눈물로
때로는 인내의 땀으로
때로는 잔뜩 무거운 육신을 일으켜 세우다 싶어

국수 가닥 같았던 신심이
동아줄이 되기까지
한 아낙으로
일상 속에 소홀함이 없이
밤낮을 가리지 않고
찾아 쫓아온 길이지 않았던가
님이시여!
구구한 숱한 사연
오늘을 낳은 공덕의 어머니요
저 허공을 바라보는
걸림 없는 마음임을
꿇어 감사하올 뿐이옵니다
님이시여!
이대로 한세상
맑고 티없이 살다 갈래요
다시 오면
그때도 이렇게 살래요
언제까지 언제까지라도
늘 그대 곁에
지금처럼 지금처럼 살래요

금강경 일만 독 회향

어느 날 문득
금강경 일만 독 큰 서원에 다가섰다
날마다 일곱 번씩 읽어
계유 갑술 을해 병자
만 사 년이 되면서
그 숫자가 일만이 되었으니
세월은 정말 비탈진 물살 같았다
묵묵히 돌아보니
긴 듯이 짧은 세월이
짧은 듯이 긴 세월이었네
한 생각 깨달음으로 가는 방편들
주섬주섬 싸서
저승 갈 때 가지고 가고 싶었는데
오지랖을 털어봐도
구석구석 살펴봐도
어느 어디에서도 찾아낼 수 없었다
홀연히 가버린 세월
님은 법으로
나는 인내의 메아리로

날마다 두 시간 넘어
떼어놓을 수 없었던 사 년 세월
가버린 그 실체를 쫓아 나선 듯
끈질기게 따라간 숱한 시간은 가고
지금은
낡은 경전 세 권만이 나랑 있다
남은 인연으로
병자년 납월
순회 독경 길에 오를 수 있었다

찹쌀 서 되씩 짊어지고
금강경 품에 안고
통도사 불국사 계명암
법왕사 공덕원 해운정사
석굴암 감로사 운문사 범어사로
동지섣달의 추위도 놓아버린 채
열차로 버스로 걸어서
인연된 도량마다
향공양 쌀공양 예불공양으로
부처님께 은혜하는 마음
오체투지로 염주 세 바퀴 돌아 나와
무릎 꿇고 앉은 채로
금강경 칠 독을 넘어서
굳은 다리 간신히 일으켜

반야심경 봉독으로
그날그날을 채우면서 열흘 동안
얼어붙을 것 같았던
매서운 추위도 이겨내고
긴 막을 내릴 수 있었다
지금도 너무나 생생한
석굴암과 운문사에서 있었던 일
정진을 마치고 돌아서는 순간
몸과 마음이 함께 얼어붙어
고드름이 된 듯
생각할 때마다
마치 그때인 듯 등골이 오싹하다
그 모두를
아무런 핑계 없이 해낼 수 있었음을
스스로 감사한다
이제 나에겐
하늘이 무너져 내려도
떠받칠 신심이 있다
어찌 금강경 일만 독의 힘이 아니겠는가
이 기운으로 세간을 포용하고 살리라

천구백구십육 년 십이월 삼십일일
마지막 도량인 범어사 대웅전
수미단 상 아래서는 많이 울었다

마지막 독경을 하면서
서러움 같은 기쁨으로
만방 모든 중생들께 대회향하면서
숨 막힐 듯이 달려온
천사백육십 날을
오늘 하루 속으로 모아본다
무슨 말로 무슨 표현으로
그 절실함을 다 내놓을 수 있으랴
진리의 어버이신
우리 부처님께 금강경 전에
감사드리는 큰절 삼배로
생에 다시없을 이 순간을
고스란히 세월에 묻으며
아쉬움을 읊어 내는 떨리는 소리
금강반야바라밀

주르르 흐르는 눈물은
얼마나 뜨거웠을까
_병자년 섣달 그믐

정토마을을 다녀와서

섭섭하게 그러나
아주 이별이지는 않게를 지으신
능행스님과 모든 분들이 계시는 정토마을
명상으로 늘 바라보던 곳
마음에 담고 기다린 지 어언 일 년 칠 개월

오늘 이천칠 년 유월 십구일
나의 구슬 같은 작은 소망 속으로
꿈속처럼 지나왔다
책 속에서 처음으로 정토마을을 만나보고
두 번째로 도량 내 곳곳 병실마다
부처님 향기 능행스님 성오시님 마니주 선생님
그분들의 향기로 가득한 정토마을을 만났다

병실마다 그분들의 손을 잡아 보고 만져도 보고
다리와 발을 쓰담아도 보며
한마디 말도 조심스러웠다
아쉽게도 아름다웠던 기다림은
연잎에 은방울처럼 바쁜 듯 가버렸다

마치 천상의 분들처럼 여겨졌던 한 분 한 분들
만개된 벚꽃처럼 화사한 밝은 모습이
지금인 듯 눈앞에 서성댄다

병실에서 만난 마니주 선생님
엄마가 갓난아기를 돌보듯
그 아름다운 손길이 좀처럼
사라지지 않고 아른거린다

나지막한 울타리에 줄장미가 널린
안마당 입구에 걸어놓은 백팔염주
오가는 세월 속에 무상함을 말해주듯
눈길을 끌었다
날마다 이 마음이 나서서
정토마을을 생각하면서 한 알 한 알 굴리리라
나무아미타불
나무아미타불

극락이 어찌 십만억 불토를 지나서
서방에만 있으리오
당신들이 계시는 정토마을
바로 그곳이 이 사바에 극락이더이다
나무아미타불
나무아미타불

이러히 나의 작은 바램들 하나하나 일구어 가면서
볼품도 가진 것도 없는 늙은이 마음
헤아려 받아주고 들어주는 도반들께 감사한다

오는 생은 더 다부진 수행자로
성불인연 꼭꼭 다지면서
한 걸음 한 걸음 죽음 앞에
이대로 정진하며 다가가리다

마지막 그날까지 보리 심어 가꾸어
줄곧 행함으로 내쫓으면서
돌아설 수 없는 진리 속에서
여지껏 자라온 마음으로
온 인류의 간절한 소망
진정한 행복이 충만하기를
기원하는 큰마음 날로 성숙하여지이다
대광명보살님 고마습니다.

마하반야바라밀

연꽃모임 삼십 주년

세월이 유수 같다고 누가 말했던가
정말 쏜살처럼 빠르군요
유치원생 초등학생이
졸졸 따르던 시절
우리는 부처님 인연으로 만났지요

그로부터 삼십 성상
강산이 몇 번이나 변해 간 세월 안에서
우리는 마치 혈연이듯 골연이듯
함께 지냈지요
그 세월 속에
양가 부모님들은 거의 가시고
복이 여린 자는 남편도 보내고
애석하게도
몇 명의 도반도 보냈지요
울고 웃은 삼십 년 속에
고만고만 어리던 아들딸들
시집장가 거의 보내고 나니
흰 머리 흩날리며 잔주름 깊어진

환갑 지나 칠순에 이르렀으니
그동안
덧없는 세월만 흘렀을까
아니지요
설던 신심이 무르익어
넉넉하니 성숙하여
올 때 빈손이었음을 알아차리고
갈 때 빈손 준비하면서
부처님을 닮아가는 우리
여기 함께 모여 있네요

이제
하루하루 앞길이 짧아지면서
천여 명이 넘는 임종을 배웅하신
능행스님의 말씀을 떠올려봅니다
잘 살아야 잘 죽을 수 있다는
깨달음의 말씀
한 순간을 잊어선 안 되겠지요
얼마나 잘 살아야
잘 죽을 수 있을까요
다시 잘 태어날 수 있을까요
어렵듯이 쉬운 일
쉬운 듯 어려운 일이지요
사람 몸 받아와서

부처님을 만나고
연꽃모임을 만난 자랑스러움은
아, 인, 중생, 수자 사상을 여의고
치우침도 대단함도
다소곳이 내려놓아

이제 남은 일
조용조용 수행 정진하면서
점점 길어오는
노을빛 속으로 가는 남은 여생
있듯이 없듯이
법다이
복되이 살고 가야겠지요
그러하옵거늘
일념 일념을 깨우며
방심할 수 없는 삶으로
이 육신과 이 영혼을
아낌없이 다 바쳐지이다

군법당 지원염원 칠일기도

칠일기도 마지막 날이다
낮이 더 짧아진 듯
더 컴컴한 새벽이다
가벼운 마음으로
어김없는 시간 다섯 시 이십 분에 집을 나선다
칠일기도 회향
어떤 소망보다는 내 삶의 항로이지 않을까
오늘은 법화경 완독을 하면서
분별공덕품을 지나갈 때
환희의 눈물이 그 길을 흐리게 했다
묘법연화경
그 이름도 얼마나 아름다운가
미운 정은 고운 정이 되고
고운 정은 더 고운 정으로 간다
이레 동안 일흔 시간여 뜨거운 정진으로
모아질 서른여섯 회원들을
조용히 삼매에 들어 만나본다
삼사 년 도반
십 년 도반

삼십 년 도반
사십 년 도반들을 만나본다
내 작은 신심이
풍선처럼 늘어나 탁 터지면
저 허공을 가득 채울 수 있지 않을까
더 열심히 정진할 수 있는 시절 인연으로
발돋움하는 나의 모습을 보면서
더 깊은 넓은 마음으로 간다
이 세간 모든 사람들이
부처님의 법 안에 머물 수 있기를
이레기도 회향 대서원으로 접는다
이제
황금의 장 군법당 지원 회원을 찾아
전국으로 나선다
부산 대구 대전 서울 제주도
서른여섯 명의 회원이 모였다
사십 년 삼십 년 도반은 낙오가 되고
부처님 회상에서 신심으로 만난
십 년 내외의 도반 서른여섯 명
하루 천 원씩 천팔십일 간을
군승단에 의뢰하여
가장 열악한 군법당 세 곳에
각 삼십만 원씩을
일번부터 삼십육번까지

차례로 한 달에 한 번씩
송금 지원하는 형식으로
마음 다진 이십여 일만에
전국 회원들과
혜총 큰스님을 특별회원으로 모시고
천구백구십칠년 구월 삼십날
감로사에서 입재할 수 있었다
그 기쁜 마음을 어떻게 열어 보일 수 있을까요?

정축년을 보내며

작년과는 너무나 상반되게
집에서 동안거 백팔일기도
지금 중반을 넘어선다
하루 열 시간
긴 시간이 한몫을 한다
만리장성처럼 쌓여가는 나의 서원이
금강처럼 다져져 간다

지난 봄 송광사 삼월 불사대
큰 법당에서 철야정진 중에
불현듯 수미단 부처님께서
왼발 내려디디시며
당신의 바른손 내미실 때
펑 터지던 눈물 얼마나 뜨거웠을까
지금도 그 밤을 잊을 수가 없다

또 하나 지난 여름 있었던 일
감로사 삼천불전에서
삼칠일기도 시작한 지 사흘째

언제 마칠까 잠시 딴생각하는 순간
산더미 같은 파도가 밀려오는 불호령
시간은 멈추어 있지 않다
쉴 새 없이 가고 있다
깜짝 놀라 주위를 살펴보았다
졸다가 힘껏 내려치는 죽비에 맞은 듯
어찌나 놀랐는지 정신이 번쩍 들었다
시간은 멈추어 있지 않다
쉴 새 없이 가고 있다
이렇게 되뇌일 때
허공에 불끈 솟는 태양처럼
다시 태어난 아찔한 마음이었다
정녕 님이 주신 큰 몫으로
소중히 간직하여
지금도 생생히 그때 그 순간이
역력히 살아있다
이러히 하나하나
깨달음으로 가는 길
게으름이나 핑계로 쓸어 내지 않는다
그 몫을 항상 안고
멈추지 못했던 나의 정진은
수미산처럼 쌓여간다

나의 금생

사바에 한 중생으로
금생에 이 몸 받아와서
잃은 듯하온데 얻음뿐이네
올 때 빈손 빈 마음이
불연도 얻음이요
육신이 자람도 얻음이다
고이 늙음도 큰 얻음이요
인연 또한 대단한 얻음이다
세상 것 소유함도 더 없는 얻음이라
공짜로 살은 세상
뻐김이 웬 말이며
탐욕이 웬 말이랴
은혜와 감사로 열린 마음 되어
티없이 사랑하고
틈없이 배려할 줄 아는
알뜰한 님의 제자로
더 많이 가지려고 더 좋은 것 차지하려고
으르렁거리는 이리의 모습 거두어
순한 사슴처럼 순한 양처럼

한세상 안온히 살다 가야지
하늘을 우러러 땅을 굽어
한 점 부끄러움 없어야지
복되이 세상구경 만판 잘하고
부처님을 만난 행운까지
그 인연으로
번뇌 망상은 훌훌 띄워 보내고
탐진치도 벗어던진 심신
사바세계 고해중생 그 이름으로도
숱한 괴로움 다 쓸어내고
내 영혼 살찌워
불심으로 젖어가네
빈손으로 와서
이러히 잘 살다 감을
새록새록 감사하지 않음 어쩌랴
허튼 맘 야윈 마음 괴로움만 등등하고
정진으로 다진 마음 보리 익어가네
금생에 이 몸 받아와서
가없고 위없는 님의 은혜로
참회하고 정진하여 수행함을
무상도에 회향하리
보리도에 회향하리
마하반야바라밀

이 몸 바꾸러 가는 길

보다 자유로운 삶으로
모든 것을 만나는 그대로에
그때그때 하고 싶은 대로
길거리에 쓰레기도 줍고
몰래 버리고 간 오물도
그를 나무라지 않고
일거리를 주어 고맙다고나 할까
즐겨 거두며

노는 입에 염불이라고
행주좌와 염불이 늘어난다

그냥 편안히
마음이 일어나는 대로
기다렸듯 그대로가 충만으로

이 몸 바꾸러 가는 길에
세상 것 무엇이 날 잡으랴만
잡은들 잡히랴

세상 모든 것은 쓰다가 두고 갈 뿐
애타게 찾아 나서지 않아도
그냥 그러히 만나는 대로
오가는 세상 사연 곱게 접는다

초초마다 깨어남으로 가는 길이기에
마장에도
오류에도 끄떡없이
강물처럼 바람처럼
흘러 지난다

이 몸 바꾸러 가는 길에
버려질 이 몸뚱이
아낌없이 쓰고 가리라
후회 없이 쓰고 가리라
미련 또한 접고 가리라

빈손

이 두 손에 잡은 것도 없이
빈 마음만 가지고
훌쩍 떠나기를 머물거리지 않는다
마음의 양식을 찾아
아무 생각 없이
우쭐 한 번씩 나서 보는데
너무 빈손이어서
한켠엔 아쉬움을 비켜 놓고
본래로 빈손이었음에 기댄다

두 손에 넘쳐흐르기보다
차라리
다소곳이 빈손이
보다 아름답지 않을까
이러히 생각함이
나의 편견일까
그마저 내려놓으면
너무 할일 없어
적적하지 않을까

그 어느 것을
시중들며 쫓아갈까
비록 빈손일지언정
그 마음 깊은 곳에
참으로 티없음을 어쩌랴

지금 나에겐
너무나 아름다운 빈손
그 청정한 이름
때 묻히고 싶지 않아
고이 청빈으로 키워가나니
어연간
그 세월도 십여 년
이제 당당한 빈손
자랑스러운 빈손으로 우뚝 섰다
참으로
거짓 없고 숨김없는 빈손
이대로 이대로가
나의 충만일 뿐이다

부처님 오신 날

불보종찰 통도사로 가는 길에
흔쾌히 따라나선 도반이랑
12번 버스 편으로
통도사 입구에 내려서
붐비는 사람들 사이로 걷는다

천둥에 돌풍까지
칠십 밀리의 비가 내린다는 일기예보
그를 아랑곳없이 밀어내고
따가운 햇살마저도 쉬어
걷기에 너무 좋은 날

오색등 사이로
그림자 없는 마음 등 밝히려
이천육백여 년 오랜 세월 전에
이 땅에 오신
우리 부처님이 계신 불보종찰을 간다

형식에 치우침 없이

그저 내가 하고 싶은 대로
사람들이 붐비지 않는 보궁 바깥 둘레를
보선발로 일보 일보 일보 일배

땅바닥에 엎드려
부처님을 돌며
목청 높여 부처님을 부른다
석가모니불 석가모니불 석가모니불

숱한 사람들의
카메라 겨냥을 받으며
나만의 우리만의
특유의 신심으로 환희심으로
부풀은 가슴
뭉클하는 가슴
땅바닥에 엎드리어
이 마음
송두리째 다 쏟아 놓을 수 있는
오늘 우리 부처님 오신 날

눈길을 모아 함께 행복해 하는 불자님들
가슴 가슴마다
그림자 없는 이 한 등으로
부처님의 은혜와 가피

함께 내리소서
함께 받으소서

오늘 부처님 오신지
이천오백 쉰한 번째 날
탐진치 번뇌 망상 가없는 집착을
나와 남이 일시에
훌훌 털어 내려놓는 좋은 날 되소서

나무석가모니불

병실을 다녀와서

이 세상에 사람이란 몸으로 태어나
가면서 오면서 그 자리에서
작은 하나하나들의 인연이 모여
한생이란 장막을 이루어 놓는다
긴 듯 짧은, 짧은 듯 긴 그 세월 속에
희로애락을 겪으며
죽음에 이르기까지
님이시여

어제 다녀온
십이 층 병실 창문 밖
솟아오른 빌딩 그 너머로
넘실거리는 광안 앞바다
부산의 장관이여
때가 되면 잿빛 어둠이 몰고 올
눈부실 야경이여
말기 암환자인 나의 도반을
아시나요 모르시나요

육신 덩어리의 괴로움
누가 대신해 줄 수 있으랴
서로가 무척 좋아하던 사이
가슴이 찢기듯 했지만
그 표정조차 내놓을 수 없었던
숨겨야만 했던 심정
그러히 밝던 고운 모습이 굳어져
알아보기조차도 어려운 모습
님이시여

이 시야를 어디로 돌리오리까
잘 죽을 수 있는 길, 너무 힘들지 않는 길이
어느 쯤에 있습니까
육십이억 이 세간에 온 사람들
그마다
다 가야 하는데 다 가야 하는데

우러러 하늘이시여
굽어 땅이시여
그 기준이 어느 만큼인가요
긴 장마는 개이고
입추를 부르는 하늘은 해맑아
내 작은 가슴을 일렁거린다
마치 청주 정토마을을 다녀온 마음이다

껴안아도 보고
살갗을 쓰다듬어도 보았지만
다시 만져질 수 있을까
다시 껴안아 질 수 있을까

임종을 앞둔 나의 도반 한사람
부디 편히 가소서
왕생극락 하소서
아미타부처님이시여
왕림하시어 그의 손을 잡으시고 인도하소서

나무아미타불

님이시여

님이시여
당신이 이 땅에 오셨기에
장막에 가렸던
진리가 빛으로 밝아 있나이다

님이시여
당신이 이 땅에 계시기에
아직은 업에 눌려
미혹에 가려 있을지언정
진리의 대도가 뚫려 있나이다
오늘 새벽
당신을 부르며 엎드리는 육신
전신에 전류가 흐르는
당신의 은혜를 느꼈나이다

님이시여
당신이 이 땅에
진리의 길을 트셨기에
제 온몸으로 온 마음으로

당신을 우러러 따를 뿐이옵니다
오직 이 하나만으로
사바에서 챙길 수 있는
저의 몫으로 충만하옵니다
아울러
이 사바 괴로움에
허덕이는 숱한 이들도
모든 고통에서 벗어나지이다
다 함께 복되이 살아지이다

그러하옵거늘
님이시여
그늘진 으슥한 곳 남김없이
밝은 빛으로 감싸주소서
그들 모두
사바고해 힘겨움이
괴로움 아닌 줄 알게 하소서
잘 헤치고 나가
충만한 깨달음에 이르러
법다운 삶 지혜로운 삶이 되게 하소서
거룩하신 님이시여!
자비하신 님이시여!

회향의 길목에서

홀쩍 지나가는 세월 속에
순간순간이 내 몫이었을 때
놓치지 않고 잡을 수 있었던 인연
두루 감사하는 마음 가득하다

지금 매듭짓지 못한 일들
마지막 손길을 주어 정리하면서
마치 두 팔이 늘어난 듯싶다

회향의 길목에서 새로이 얻은 기운으로
한 도량의
법상 방석 스님네 상단예불 방석
영전 방석 목탁이 앉을 자리까지
정성을 다해 만들어 올리고

다 털어 다 비워
이제 남은 일
조용히 정진하다 이 몸 벗어놓고 가려 한다

나 하나 내려놓으면
얼마나 좋은 세상인가

눈금도 형상도 없는 저울 위에
스스로 올라 본다
살다 가는 길
백 년을 채운들 그 자리가 그 자리인데
지금인들
애석할 것 무엇이랴

하루하루 죽어감을 알면
애써 무엇을 더 구하랴
탐진치를 여읜 마음 하나이면
그 마음 받들어 정진하면서
한 세상 가벼이 보낼 것을

맨발에 가사 한 벌 발우 하나로
평생을 살다 가신 부처님을
태양처럼 떠올려 본다
언제인 듯
반세기를 지나
한생을 마감해가는 길목이다

흩어져 숨겨져 남은 작은 하나라도

속속 찾아내어
돌려주고 나누어 주어 만방에 회향하며
세상 것 다 놓아 다 비워
남은 여생
위없는 가벼움으로 맞으려 한다

그때그때마다
힘을 모아주신 도반님들
고맙습니다. 성불하십시오

두 발로

금정산사 범어사
도보로 열아홉 번째
산사를 내려오는 길은 저물다
왕복 스물한 번 세운 원이
이제 두 번 남았다

싸늘한 허공에 걸린 상현달이
빙그레 웃으며 내려다본다
흰 머리 저승꽃이
지저분하게 보이지나 않는가
비켜갈 수 없는 길인걸 어쩌랴

얼마 전까지만 해도
인도와 차도를 누볐던 행렬은
어디로 숨어 버렸을까
보림집 부산집 청화장
수많은 식당가엔
휘영청 밝은 불빛만 객을 기다린다

풀벌레 소리마저도 오간데 없다
살갗에 닿는 서릿발 같은
차가움과 밀려오는 어둠에
에워 쌓인 채
허허 넓은 길 혼자 내려온다

그리움도 외로움도 아쉬움마저도
기웃거릴 수 없는 신심으로 가득 찬 마음
앙상한 높은 가지 위에
겨울 까치집을 기웃거린다
행여
깍깍거리며 내다봐 주지나 않을까
기다려보고도 싶은
실낱같은 마음 누르고
멈추어 있지 않은 걸음으로
불러볼수록 다정한 부처님 명호

석가모니불 석가모니불
이것이 주름진 나의 전부이다

내 두발로
남은 두 차례 더 즐거이 왕복해야지
동짓달 대보름날은
회향일로 잡고 기쁜 마음으로 오간다

지하철에서부터
금정산사 범어사 대웅전까지
왕복 약 만보
스물한 번을 왕복하면서
매번 백팔번뇌 풀어 쉬며
고행의 한 자락으로
가벼이 다닐 수 있었음을
내 낡아져가는 육신께 감사한다
_정축년 동짓날

동짓날 보름

나의 귀의처 범어사에
올 한해 도보로 스물한 번 나의 서원
오늘 동짓달 보름 회향 길에 오른다
다시는 걸어올 날 없을 것처럼
석별의 아쉬움 같은 것이 꾸물거린다

병자년 작년엔
하루 스물네 시간 해운정사 특별기도에
하루 천 배씩 스물한 번을 동참했었다

정축년 올해는 또 다르게
범어사 왕복을 걸어서 스물한 번
오르는 길에 칠층 사리탑 일곱 번을 돌고
대웅전에서 백팔 배를 하고
내려오는 길은 역대 스님네 부도탑
돌아 돌아서 하산길이 된다

오가면서 오로지 부처님 한 생각만으로
염불하면서 한마음 팔지 않았다

순간의 한 생각이
연간의 서원이 된 간단없는 열정은
먼 허공 끝에 닿을 것 같은
마지막 순간 반야심경 봉독에서
나의 작은 소망 회향의 닻이 내렸다

때에
일진행 보살님 하고 부르는 소리
고개를 돌리니 묘음성 보살님이시다
너무 반가워 법당 한 복판에서
껴안으며 서로 반가워했다
소중한 순간 이러히 또 만남은
미혹해 알지 못할 뿐
지중한 인연이 필히 숨어 있으리다

우리는 스님 방에서 그 옆자리에서
우연히 만난 인연 같지만
잊히기 전에 다시 만나지고
가물가물 잊혀 가면
또 만나지는 색다른 인연
결코 우연만은 아니리라

지금은 포교의 일환인
군법당 지원 천팔십일 기도

그 대열에서 함께 가고 있다

이제
스물한 번째 마지막 하산 길
엷은 겨울 햇살이
높은 나뭇가지 사이 까치집을 기웃거리며
슬금슬금 올해도 저물어 간다

무얼 하면서 여기까지 왔는지
또 무얼 하면서 어디까지 갈 것인지

새로운 한해 무인년에도
또 다른 설계로 이어질
나의 신심은
수미산처럼 우람히 버티고 있다

_정축년 동짓달 보름

내가 즐겨하는 오체투지

부처님을 생각하며
엎드려 절하는 유익함을 들면

하나, 그 순간만이라도
선함을 지키니 악이 멀어진다
하나, 육신을 조복 받아
마음대로 부릴 수 있다
하나, 만리장성 같은
건강의 방편이 된다
하나, 속속 마음 열면
그 속에 천하를 들여 놓을 수 있다

이러히 좋은 절을 마음 꽉 잡고
날마다 백팔 배를 하게 되면
소요시간 넉넉히 이십분
한 달이면 열 시간 삼천 배
일 년이면 백이십 시간 삼만 육천 배
십 년이면 천이백 시간 삼십육만 배
삼십 년이면 삼천육백 시간 백팔만 배

그야말로 엄청난 숫자다
티끌모아 태산이라 전해오는 옛말이
이를 비유한 말이 아닐까

이것이 깨달음은 아닐지언정
그 행로가 얼마나 위대한가
얼마나 거룩한가
순간을 모아서 삼천육백 시간
그와 동시에 백팔만 배
그 세월 삼십 성상은 만 날이었네
꼬박 백오십 날을
밤낮으로 절을 한 결과이다
이 어찌 위대한 영혼, 거룩한 영혼
위대한 육신, 거룩한 육신 아니랴

이 서원으로
영혼은 더 성숙한 영혼으로
육신은 지수화풍 가는 길에
오체투지 아끼지 않고
이 사바에 심어놓고 가나니
한가슴 차오르는 기쁨은 두덕두덕
나만이 알고 누리는 기쁨이다

여름 뒤꼍 가을 문턱에서

어제도
아침엔 비가 오더니
낮에는
멀쩡하니 햇살이 따가웠다
오늘 아침에도
또 비가 온다
여름을 실으러 온 건가
가을을 싣고 온 건가

예전엔
서릿발을 기다리며
짙은 향기를 내뿜던 국화가
지금은
계절을 망각하고 일 년 내내 핀다

하지만
청빈이듯
아리따운 코스모스 그네들은
기어이

가을들녘을 찾아 핀다
청렴한 수행자의 모습처럼
번뇌의 그림자마저
빗댈 곳이 없는
간들간들 가냘픈 몸매에
앉을 자리 설 자리
주저하지 않고
자유로이 흩어져 피운 모습
옛 부처님 땅에
수행자의 모습처럼 떠오른다

하늘하늘
중생 곁 어디서나 피는 꽃
그들을 부르는 바람결에
간들거리는
군두덕이 없는 아름다운 꽃
여름 뒤꼍 가을 문턱에서
그네들만의
청렴한 향기를 풍긴다
돌아서도 뒤돌아 보이는
간들거리는 그 모습 아른거린다

구화산 육신보전

우리 신라왕자 교각스님
중국 땅 구화산에 육신보전
지장보살 지장보살 지장왕보살

님의 탄신 천삼백 주년
님의 성도 천이백 주년
긴긴 세월 어이 기다리시다
올 한해 두 번이나 부르시나이까

짊어지고 온 찹쌀 서되
정성스레 풀어 님께 올리니
이 대륙의 곡창 같은 마음
오래 오래 기억 속에 자라리다

두 손 모으고
땅바닥에 엎드려 무릎 꿇으니
도량을 가득 채운 듯한 마음
이대로 멈추어 있고 싶습니다

버선발로 일보일배 뜨거운 가슴 안고
님의 탑
돌아 돌아 돌면서
한 아름 잔뜩 충만으로 가득 찬
지금 여기
천상인지 극락인지
내 작년 마음 흔적 없고
백팔염주마저 멈추어 있네

우리 신라왕자 교각스님
중국 땅 구화산
가사자락 펼쳐 아흔아홉 봉우리
지장보살 지장보살 지장왕보살

흙바닥에 엎드린 얼굴에서 전신에
지장대성지의 성스러운 흙 단장으로
그 향기 물씬 풍기면서
도리천에서 하강하듯
가물가물한 계단 아래 내려서니

자명스님 육신불 계셨네
바라보고 또 바라보며 한없이 바라보다
엎드려 또 엎드려 예배드리며
너무나 신비로워 돌아서기 어려웠네

유정천에 오르듯 다시 오르며

우리 신라왕자 교각스님
중국 땅 구화산에 육신보전
지장보살 지장보살 지장왕보살

이 마음
마치 하늘에 닿은 듯 기쁘옵니다
_을해년 음 칠월 그믐

충만

이 세간에 와서 칠팔십 년
풀잎에 이슬 같은 삶인 것을
가없는 집착에 옹고집처럼
목숨 걸고 몸 바쳐 하늘 높은 줄 몰랐었지

돌아보니 별것도 별일도 아닌 것을
번뇌 속에 반평생 가까운 세월
조금은 아쉬워도 후회만은 아니다
그때마다 최선을 다 했으니까

정신없이 가던 걸음
멈추어 선 어느 날 문득
마음이란 것을 열고 보니
지난날 그 모두는
번뇌의 삶이었더라

그제사
법계에 펼쳐진 진리가 보이기 시작한다
충만이 보이고

속박이 보이고
세상사가 제대로 보였으니
속속 다그칠 수 있었다

엄청난 난행고행 속에서
굴하지 않았던 지난 시절
돌이켜 보면
금생이 아닌 먼 전생이듯
아련히 느껴진다

세월은 멈추어 있지 않아
그 속에서 삼십 성상 마치 꿈인 듯
지금은 내 앞에 극락을 펼쳐 놓고
앉은 자리에서
갖갖 꽃들을 피우며
들꽃 들풀에 이르기까지
그들을 벗 삼아 허허로운 나날

짬짬이
집안일 알뜰히 거두며
소리소리 염불소리 독경소리 속에
깊은 참회와 채찍이 살아있다

이 육신 벗어 놓고 가는 그날까지

고만 고만
이대로가 충만임을 안다

빈 시간 없이
일상 그대로를
내가 만들어가는 한가로움 속엔
그 무엇에도
비유할 수 없는 나의 삶이 있다
스스로 인정하는 후회 없는 삶으로

이것이 곧 충만이어라
아미타불

갖고 싶은 것

옥에도 티가 있고
비단에도 흠이 있다는 데

내가 갖고 싶은 건
한 점 티없이
허공에 그려진 무지개 같은
싸늘한 달빛 같은
맑은 바람 같은
밝은 태양 같은
충만한 미소 같은
자비로이 간들거리는 들꽃 같은
한가로이 흩날리는 안개비 같은
퍼붓는 소나기의 열정 같은
끊임없는 수행 정진으로 이어진
진솔한 마음 이것이다

내가 갖고 싶은 건
진주 목걸이도 보석 반지도 아닌
곱게 깊어가는 주름살이다

금실 무늬 놓인 비단옷이 아닌
먹물 동방 바지저고리 한 벌이다
원색 양색 물든 가죽구두가 아닌
하얀 고무신 한 켤레다
연지곤지 곱게 그리는 물감이 아닌
늘어났다 오므러드는 피부
바래진 머리카락에
잠든 길고도 머언 세월 속
일출에 버금가는
일몰의 노을빛 그것이란다

주지 않아도 받고 싶다
받지 않아도 주고 싶다
한 생의 황혼빛
세월을 거스르지 못해도
님의 향기 진리의 향기를 품어 안은
야트막한 가슴팍에서
진솔한 깨달음에 노래 불러 보고 싶다

하염없이 맴도는 사랑도 행복도
더 큰 사랑 더 큰 행복도
내 마음이 짓는다고
사랑 노래
행복 노래

충만 노래
함께 불러 갖고 싶다

남기고 싶은 말

잠깐
한 생각에
쉬
힘주지 말라
나 몰래
악이 솟는다

고운 인연
미운 인연
시린 인연
더운 인연
만남은
우연 같아도
인과를 알지 못할
깊은 사연 있나니

천금 같은
나를
지키려면

호락호락
나무람을
열지 말라

행여
억울함이 있을지라도
삼가코
멀리하라
선 악연
후 선연 있으리니

훗날
세월이
말을 한다
업이 자라
말을 한다

그러히
참으로 소중한
나를
지키라

오늘은 불국사를

찌푸린 날씨 탓인지
급하게 나오느라
커피 한잔을 놓친 탓인지
짊어진 찹쌀 서 되가 어깨를 누른다
해가 가장 짧은 즈음이라
연일 마음은 바쁘다
금강경 일만 독을 회향중인 순회독경 차
인연 있는 열 사찰 두 번째 도량 불국사
일주문을 들어서니
반야교 아래는 비단 잉어들이 노닐고
나직한 노송들이
사계절을 지키면서 반긴다
대웅전 수미단 아래를
마치 영산회상이듯
부처님을 바라보는 마음도 그러했다
오분향례 예불 천수경으로
백팔염주 세 바퀴를 절하며 돌고
무릎 꿇은 금강경 칠 독에
가슴은 몹시 뜨거워 식으려 들지 않았다

그대로 부처님을 향해
가슴에서 뛰어오르는 뜨거움을 떨구며
미혹한 눈에 보이진 않아도
부처님 무릎 아래 쌓아 놓은 금강경 칠 독
보석처럼 빛나고 있지 않을까
이러히 넉넉한 마음도
이대로 머무를 수 없어
반야심경으로 오늘을 접으며
먹지 않아도 배고프지 않고
눈물이 나도 서럽지 않은 이것이 무엇인가
나의 신심 나의 환희심을 담은
나의 마음이 아닌가
이 마음을 따라 항상 칠푼이처럼
히죽히죽 웃는 이것도 육신 나이다
그 기운으로
내가 대단하지 않음을 알고
서슴없이 내려놓는 그 마음이
날마다 이 기쁜 날을 만들어 낸다
금생의 수확으로
이만하면 충만하지 않을까
금강경 일만 독에 감사하는 마음으로
읊어 보는 금강반야바라밀

정축년 부처님 오신 날

가깝고도 먼 우리 땅 북녘에
가장 어른인 김정일 씨 당신께

나는 내 마음대로
삼천불 전 뜨락에 당신의 이름으로
등불을 밝히고 두 손을 모아 봅니다

왠지 나도 모르게 가슴이 미어옵니다
깊은 생각에 잠기지도 않은 채
그냥 가슴이 밉니다

당신 아버지가 가는 것처럼
당신도 어느 날 가야합니다
부디 길 틔워 함께 살다 가길 발원합니다

오늘 부처님 오신 날 이 좋은 날에
마음도 활짝 열어 놓고 철조망을 풀어 내는
그날이었으면 얼마나 좋을까요

북녘 땅 남녘 땅 우리 부처님
손에 손을 잡고 함께 예배드리며
활짝 웃는 볼 위로 기쁜 눈물이 타고 내리는
그 날이 왜 그러히 먼가요

먼저 내미는 손이
얼마나 크고 넓을까요
따뜻할까요 아름다울까요

그 손안에 남북이 함께 하길 발원합니다
용서할 수 있는, 용서받을 수 있는
남북이 되어지이다

가녀린 이 한 등에
허공과도 같은 소망을 담아 밝히옵니다

나무석가모니불
나무석가모니불
나무시아본사 석가모니불

유수 같은 세월

바쁜 듯이 무인년이 간다
나의 젊음처럼
언제 가는지도 모르게 간다
세월의 다른 이름 기묘년이 온다
나의 늙음처럼
언제 오는지도 모르게 온다

오는 소리 가는 소리
오는 모습 가는 모습
듣고 보아 알 수 있었던들
잡고 매달리지 못할
유수 같은 세월이기에
한 세월 한 세월
염주 알처럼 넘기면서
여한 없이 살고 가려
정진을 아끼지 않는다

흰머리 성성하고 주름살 깊어져
만면에 저승꽃이 널려 있어도

돌아오지 않는 세월이기에
비가 오나 눈이 오나 바람이 부나
부처님기운 받은 내 기운으로
고운 물살 억센 물살 그 모두를
건너고 건너서 간다

시집보내고 장가보내고
저승도 보내고
어느 순간
유수 같은 세월 속에
나만 우뚝 서 있었네

이런 일 저런 일 없었던 것처럼
이제 다시 본래대로
나 혼자 세월 따라 나선 길
유수 같은 세월 안에 떠내려가면서
그윽한 진리의 향기 무상의 향기
참으로 그윽이 풍겨나도록
수행하고 정진하며 묵묵히 살리라

나무아미타불

산도라지

우리 그이랑
산책길에서 뽑아온 산도라지 한 뿌리
넓은 집에서 좁은 집으로 이사 와서
긴긴 세월 뿌리 굵히며
꽃망울 터뜨리던 산도라지
보랏빛 청아함이 눈길을 끌었지

여름을 장엄하는 장마 사이로
간간히 내미는 햇살은
몹시 따가운데
삼복을 받쳐주는
바다 건너서 온 서늘한 바람결에
간들거리는 산도라지 꽃
하늘하늘 가냘픈 몸매로
이 여름을 한가로이도 보내고 있네

아침공양 후
가을을 재촉하는 창가에
커피 한잔으로

그 속에 나를 본다

이러히 와서 이러히 살다 이러히 감이
사바의 인연이거늘
한순간인들
어찌 헛되이 보내랴
한껏 아름다이 살고 가야지

지난날을 돌아본다
먼지 같은 씨앗이 분에서 분으로 번져
염화실 뜨락에 극락전 연못가에
연년이 보여주는 청아한 얼굴
우린 서로 다른 운명끼리 맺어진
아름다운 인연이었지

한세상
서로 비켜 사는 듯 그 아닌
인연임을 말해주면서
난 촌음을 아껴
끊임없이 공부하겠노라
가느다란 그 허리춤에
새끼손가락 걸고 우린 약속했었지

잃은 듯 멀어질 날

어느 쯤에 오고 있을까
지금은 함께 호흡하지만
언제인 듯 가버릴 오늘
간다는 말없이 가는
이 오늘을 누가 지켜주랴

남은 여생

나날이 줄어드는 남은 여생
보다 더 바르게
보다 더 반듯하게
한 순간 여의지 않고
살고 가기에 최선을 다하는 마음

남은 여생
문 없는 마음 문을 다 열어제치고
여리고 억센
세상 것을 다 받아들여
서로가 서로에 어긋나지 않게
조화로이 지혜로이
오순도순 살고 가리라

눈높이에 치우치지 않아
눈 아래로 다소곳이 살리라

지문이 다 흐려져 가는
이 손으로

정갈히 매만진 낡은 옷으로
사람이 옷이 되지 않게 살리라
옷이 사람 되게 살리라

흔쾌히 다져져 금강 같은 마음
수미산처럼 쌓여 있다
사상을 내려놓아
몸도 마음도 다스리지 못할 것 무엇이랴
가는 날에
가볍기를 다구친다

나의 작은 지식을 부수어
큰 지혜가 되기까지
한 순간 잠들지 않으리라
늘 깨어
나만큼을 보리라
내가 나의 주인이기에

내 남은 여생
초초를 유익하게
최선을 다하겠노라 마음 여민다

아미타불

새벽 산사로 가는 길

종종 걸음으로
한 겨울 새벽 공기를 가르며
금정산 지붕 위엔
반쪽달이 멈춘 듯 걸려 있다
우람한 칠층 사리탑 위로
이름 모를 산새들이
새벽을 오간다

한해를 보내는 마음
숨결도 얼어붙을 것 같은
새벽바람은 매섭지만
또 한해
그냥 보내기 너무 아쉬워
신나는 고행으로 이어간다
금강 같은 신심은
하늘 높은 줄 모른다
연년이 쌓여지는 정진 속에
올해 나이 예순 하나
계유 갑술 을해 병자 만 사 년간

금강경 독경 일만 독 회향 차
인연 닿는 열 사찰
순회독경이라 이름 지어
수미산을 오르는 기쁨으로
이루어 가고 있다

금정산정에서 내리는
새벽 정기를
온몸으로 받으면서
새벽 달빛에
유난히도 빛나는 서릿발을 밟고
대웅전 부처님께로 가는 걸음
마치
보석을 밟고 지나가듯
황홀하기만 하다

한 해를 보내는 새벽을
한 새벽 한 새벽
경전을 넘기듯 넘기면서
부처님을 생각하는 마음은
더욱 간절하기만 하다

나무석가모니불

다시 한해는 밝았다

꿈인 듯 또 한해는 가버렸다
새벽예불을 마치고 상머리에 앉아
보낸 한해 맞는 한해를
돌아보며 내다본다

보낸 한해 이천 년
불가능은 쉬고 가능함으로
성도, 출가, 열반재일을 즈음하여
백팔일 십만 팔천 배
삼천부처님께 삼천 배
사팔행사 역 광장 삼천 배
부처님 오신 달 일만 배
표충사 신앙대회 철야정진
몽골에 보낼 옷, 이불, 담요 등 모으기
법화경 사경 삼칠일
문경 수련대회 삼박사일
오대보궁 참배 차
설악산 사리탑전에서 철야정진
군법당 지원 천팔십일 기도 회향

군법당 단주보내기
법문 테이프 보내기
제이티에서 인도 후원회원 모으기
통일염원 천일정진 삼칠일 이백열 시간
일흔을 바라보는 다채로운 한해였다

보낸 한해 이천 년에서
여지껏 하던 일 고스란히 놓고 조용히 물러나
맞는 한해 이천일 년
한 티끌, 한 먼지 걸리지 않고
우리 부처님 향해 알뜰히 정진할 것이다

새로운 한해 아침
새벽예불을 마치고 이 글을 쓰면서
아이엠에프 이후 힘들었던 나날을 돌아보며
더 힘듦이 닥칠지라도
오랜 세월 다져진 나의 기운으로
조용히 맞는 새해 아침
무상으로 이 가슴을 넓힌다
이제 그 길로 접어든다

우리 집 부처님 전에서
절하고 염불하고 독경하고 명상하는
손색없는 남은 길을 지향하면서

청빈을 엮어내는 마음 한가롭다
한 조각 휴지를 주우며
한아름의 행복을 만날 수 있는
대망의 남은 여생

밀면 밀리고
더 밀면 넘어지면서도
말없이 웃으며 일어나는
바보 같은 삶으로
나의 양식을 삼으며
가없는 충만으로 나를 살찌워 가리라

아미타불

조용히 살고 싶다

숨소리도 나직하게
조용히 살고 싶다
거센 바람도 쉬어 몰고 갈 수 없는
잔잔한 호수와도 같은 삶으로
있듯이 없듯이

무릇
보고 듣고 함께 기뻐하는
검지도 희지도 않은 먹물빛 삶
그와 무슨 인연 그리 김이
이러히 마음 약해지는지

잿빛 차림 향내음엔
그림자도 따라나서니
내 전생을 돌아 살핀다
이러히 냉정함이 어디에서 왔을까

꿈속처럼 아련히
삭발머리 먹물 옷에

잿빛 바랑 등에 업은 뒷모습
다음 생 나의 모습
영상처럼 떠올리면서
그날을 위해
강산이 몇 번이나 변했던가

한생을 고스란히 투자하면서
갖은 고행
밥 먹듯 잠자듯 지켜왔으니
청정히 그 뜻이 영글고 있으리라

점점 가까이 다가오는
멋있는 내생을 훔쳐보면서
나는 바보처럼 등신처럼
그날을 바라보며 기다린다

꿈속에서도 그 한 생각 멈춤이 없어
정진에 게으름은 아예 없다
오는 생 빈틈없는 출가수행자로
조용히 살고 싶은 나의 꿈을
기어이 이루어내리라

마하반야바라밀

이대로 너무 좋아

천리만리를 걸어서
육중한 체중을 느끼듯
그러히 체험으로 키워온 신심
있는 것 없는 것 그냥 풀어 놓고
긴긴 세월 그 신심 하나로
견디어 온 오늘이 있기까지
그 소중함을 무엇에 비유하랴

잃어버리고
잊어버리고
버려 버린 나의 모든 것
뜨겁던 피는 식어
허공 빛으로 간다

열고 싶을 때나 닫고 싶을 때
마음대로 여닫을 수 있는
오묘한 지혜에 묻히고 싶을 뿐
무엇을 애써 더 구하랴

다 잃어버리고
다 잊어버리고
다 버려 버린 뒤에도
버티고 남은
참신한 마음 하나
그만이 날 떠나지 않나니

이대로 너무 좋아
이젠 그 마음 하나만을
멋이 있게 잘 가꾸어
저승 갈 때 아니
내생 갈 때
두려움 없이 후회 없이
앞세우고 갈걸세

앉아서 보는 세상
누워서 보는 세상
물구나무서기로 보는 세상
보는 마음이 둘이 아닐진대
그 보임이 다를 뿐
그 세상이 그 세상일지니
진작에 몰랐더라
무시무종을……
하오니

진리를 어찌 알았으랴
무상을 어찌 알았으랴
쏟아부은 진리 위에
흘러내린 삶인들 어떠랴
티없는 한 폭의 그림 되어
한세상 살고 감이 얼마나 좋아

이대로 너무 좋아
부처님께 오체투지 엎드린
가슴이 이 가슴이 찡하다

혼자 떠난 길

삼칠일 법화경독경 마지막 날
훌쩍 떠나본 삼박사일 간
제주도 불사리 탐사와 마라도 기원정사
마음 따라 나선 길이긴 하지만
부처님이 주신 선물이 아니었을까
외로이 강물에 띄워진 종이배처럼
홀홀단신으로
시간에 세월에 떠 내리는 길
바다 위 허공 아래 가없음이여

원하옵나니 이 인연공덕으로
온 인류의 가슴 가슴마다
불은이 충만하여지이다
온 인류의 마음 마음마다
법은이 가득하여지이다
나무석가모니불
나무묘법연화경

제주공항에 도착하니

마중 나온 지월행 보살님
설악산 봉정암에서 처음 만나
제주에서 두 번째 만남에
서로 껴안고 반기는 묘한 인연에
전생의 지음이 분명 있으련만
서로가 모를 뿐이지 않을까

자기 차를 가지고 나온 막내딸 같은 도반
보리 영그는 모습이 눈에 선하다
미모의 든든한 길잡이
지월행의 다정한 배려로
너무도 편안하게 본래 예정지인
평화통일 불사리탑사에서 한밤을
마라도 기원정사에서 두 밤을
이동할 때마다
날렵하게 나타나서 편안히 옮겨주었지
그때를 기억할때마다
당신 생각을 놓칠 수 있겠는가
고마우이 지월행 보살님

보다 큰 서원의 스무하루
법화경 스물한 독
부처님께 법화경전에
예배하며 독경하며

돋보기 너머로 넘겨지던 손때 묻은
법화경전 면면이
부처님의 모습으로
부처님의 말씀으로
아스라이
이천육백 년 전을 그려내면서
홀연히 그 속에 묻혀도 보던
끝 간 데를 알 수 없는 마음

늘 함께 있으면서도
알지 못한 미혹함으로
여린 가슴 끌어안고
가없는 바다 가운데
파아란 잔디 위에 뒹굴어 보던 날

신심의 불길이 지핀 그대로
육신은 그 잔디 위에 쉬어 두고
마음 혼자 나서는 짙푸른 바다 위
마치 사바세계를 떠나온 듯
새로운 한 생의 감회에 젖어든
사면 바다 그림 같은 잔디 위에
가버린 세월 육십 년을 펼쳐 놓고
심히 침묵에 들었을 적
나는 분명 한 폭의 그림이었으리

그대로 육신을 벗었던들 어땠으랴
어쩌면 그 연습이 아니었을는지
너무나 행복했던 순간이었기에
마치 지금인 듯 생생히 살아 있다

광활한 창공으로
무상 그마저를
훌훌 띄워 보내보던 기약 없었던 그날
지금은
어느 어디쯤에 가고 있을까
육신의 두 눈을 감고
그때를 다시 본다

마하반야바라밀

백옥처럼 살고 싶었는데

눈가엔 잔주름이 늘어앉고
님에게서 구한 청빈한 눈망울은
탐진치를 녹여내는 소망으로 간다

열두 폭 금강경 병풍에
내 두 눈을 보내 육신은 쉬어 놓고
심오한 운해가 서린 설산
님의 진신 뇌사리탑 위로
마음 혼자 떠나 본다

마치 육신 벗은 영혼처럼
아래 세상 홀홀 떠나
위에 세상 돌아보니
동서남북 상 하방 허허 넓어
막힘없는 세상이어라
여지껏 가보지 못한
깨달음의 세계
진공의 세계
서방정토 극락세계

불현듯 적정의 세계에 이른 듯하네

부처님을 생각하며 살아온 세월
점점 깊어오는 주름살
점점 번져 피는 저승꽃으로
오지랖에 쌓여오는 다음 생을
기다리듯 바라보며
곱게 물들어 가는 나의 노을빛이여

놓아버릴 수 있는
놓아버릴 수 없는 그 숱한 것들을
함께 다 놓으려 드는 마음

남은 여생
백옥처럼 티없이 살다 가고픈데
하루해가 저물 듯
생의 산그늘이 짙어 오누나

금생에 못다 한일
꼭 하고 싶었던 일
다시 와서 그때 하리라
마음은 금강처럼 다져져 있다

점점 길어지는 산그늘이 더욱 짙어지면

이 육신을 벗어놓고
한생을 접어야 한다

오는 생은 님 더 가까이에서
간단없는 수행자
더 다부진 수행자
한 점 티없는 수행자
완성된 수행자로 정진하리라

아미타불

부처님 오신 날

오늘 이 땅에 부처님 오신 날
님께선 왜 누구를 위하시어
이 사바에 나투셨을까

너와 나 나와 너
미혹한 중생 그 누구도 빼놓을 수 없는
그마다를 위하시어
이 세상에 오셨으니
실오라기 같은 육 년 세월
피골이 상접한 고행 끝에
기어이 성도하시어 진리의 주인이 되신
우러러 거룩하신 부처님

허공을 바라보아도
땅을 굽어보아도
사방 간방 상 하방
부처님으로 가득하신 사바세계
구태여 오탁악세라 말세라 말하고 싶지 않다
내가 만들어 행하는 삶 그대로에

무지갯빛 아름다운 삶이고 싶을 뿐이다

우리는 스스로 심으며
스스로 가꾸어 가는 삶이기에
생각하는 마음 행하는 마음 안에
한 치의 괴로움도 키우지 말지어다
우리 모두는 불자라는 당당한 이름으로
부처님을 닮아가며 우리네 삶을 가꾸어 갈
부피와 형체를 가늠할 수 없는
숭고한 위대함을 지니고 있다

얼마나 복된가
이러히 한 마음 다스려갈 수 있음을
무한한 감사함으로 여미며
팔정도와 육바라밀 한 올 한 올
내 것으로 실천 수행함은
한 뜸 한 뜸 아름다운 삶으로 수놓아진다

이렇듯 게으름도 치우침도 없는 여법한 마음들
검지도 희지도 않은 잿빛 마음 아닐런가
그 속엔 더 성숙한 내생이 영그는 소리
어디쯤 들릴 것 보일 것 같으다

이러히도 깊고 넓은 님의 은혜

그 무슨 말 그 어떤 표현으로도
그 마음 백지 위에 다 그려 내지 못해 안타깝다

태양과도
대지와도
대해와도 같은
님이시여!
우러러 이 가슴에
영원히 피어오르는 연꽃이시옵니다

나무석가모니불
나무석가모니불
나무 시아본사 석가모니불

마음은 어디서 왔을까

나도 모르는 사이
도대체 마음은 어디서 왔을까

본래 그 마저도 아니었더라면
정말 아무것도 모르는
알지 않아도 되는
괴로움도 모르고
괴롭지 않음조차도 모르며
생로병사도 없이
그 조차도 모르는
마음 없는 자연의 한 부분이었을는지

오묘 우람한 만년의 모습
선 채로 앉은 채로 누운 채로
평화롭기만 한 대자연
비 오면 비 맞고 바람 불면 바람 받으며
높푸른 허공에서
태양이 솟는 대로
달빛이 흐르는 대로

지구가 구르는 대로
그 은혜 속에 만년의 모습들

들풀이 되어서 들꽃이 피어서
산풀이 되어서 산꽃이 피어서
들을 지키고 산을 지켜도
지키는 줄조차도 모르는
아름다운 그네들의 삶처럼
마음 없었더라면
행여 나도 그였을지

아침햇살 반기면서 함께 웃고
저녁노을 바라보다 함께 잠드는
그 아름다움 속에 묻혀서
그 낱낱 행복조차도
행복인줄 모르는 행복으로
장엄하고 있었을는지 모른다

마음은 어디서 왔을까
생을 바꾸어 몸을 바꾸어도
나는 이대로 이대로에
촌음을 아껴 정진과 수행에 거듭나리

다행히도 마음 가졌으니

갈고 닦아 오색이 영롱하리라
내게 주어진 나의 수행과 정진으로

기어이 기어이
반야의 저 언덕에 이르리라
인간의 몸을 받아 불법을 만났으니

봉정암

구름 한 점 없는 새벽하늘
그 속에 파묻힌 별들이
유난히도 빛나는 가을밤이여

몸을 움츠리게 하는 설악산상은
산이 높아서인가
하늘이 낮아서인가
사다리를 놓으면
큰 별이 잡힐 것만 같으네

바위를 뚫고 솟은 듯
우람히 솟은 부처님 뇌사리탑은
천사백 년 세월 넘어 이천 년을 바라보며
님의 분신을 감싸 안은 채

눈보라와 비바람을 겪으며 피워낸
탑신에 아름다운 무상의 꽃
도톰하게 살쪄 가는구나

오고 또 와서 뵙고 또 뵈어도
돌아설 때 아쉬움은 당신의 얼인가요
이 사바에 현존하셨던 님이옵기에
세월 갈수록 거룩하시어 더 거룩하시어
당신을 찾는 소리 더욱 높으리

엉금엉금 기어 오르내린
고행의 줄걸음은
멀어지고 지워져 가도
님을 뵈온 간절함은 역력히 살아있다

천불동 부처님도
불붙는 가을산도
떠밀리는 옥수도
잠시 스쳐오기 발걸음만 무거웠네

세월 가고 또 가도
두고두고 그대 고운 님이시여
불철주야 님을 떠올리며
끊임없이 수행 정진하오리다
그대 위대하신 님이시여

역 광장 삼천 배

기묘년 부처님 오신 달
불기 이후 첫 행사로 등장하는
부산역 광장 삼천 배 참회기도
하늘을 지붕 삼아
허공을 내닫는 참회 삼천 배
새천년을 여는
부산 불자들의 염원으로
불이 지핀 삼천 배
난행고행의 불길로 훨훨 타오른다

보리심으로 뭉쳐진 바탕 위에
새천년의 큰 문이 활짝 열리어
난국의 시련을 고스란히 삼키소서
다시는 휘청거리지 않는
새천년이 되어 힘차게 내달으소서
고귀한 참회의 소리 큰 메아리 되어
한라에서 백두를 지나 제3세계까지
숱한 가슴 가슴마다에
뜨거움으로 가득하소서

밤을 꼬박 새운 삼천 배 참회기도
지펴진 불길은 하염없이 타올라
그 열기로 그 향기로 먼동이 튼다
회향의 절정에 오르면서
심산스님의 오분향례로 시작된
원광스님의 축원과 발원으로
이 세간의 모든 업장이
녹아내리는 순간
모아져 하나 된 마음들은
눈시울을 적시며
그 보람들은 훌훌 나른다

그러히
허공을 가득 채운 선근의 힘으로
한반도의 국운이 충만하여이다
인내의 펄펄 끓는 땀방울로
얼룩진 새천년의 큰 문은
환한 미소로 열려오리
가없는 충만으로 열려오리

나무석가모니불

건봉사에서

마치 모험이라도 하듯
혼자서 이박삼일 간
처음이자 마지막이 될 것 같은
건봉사에서 마흔네 시간
업고 간 찹쌀 서 되
보궁 상단에 풀어 올리고
절하며 염불하며 서른 시간
낱낱
어이 다 말하리오

남은 시간 사이사이
보궁 부처님께
청수도 갈아 올리고
법당 촛불도 갈아 밝히며
부처님께 다가섰던 시간 속에
님의 치아사리
어금니사리
단독으로 친견에서 마정수기까지
내 스스로 축복받은 순간임을

인정하지 않을 수 없었다

주지스님께 차도 마시고
하유스님 따라 등공대도 다녀오고
그 모두가
행여 꿈이 아니었던가 싶기도 하다

짬짬이 독경도 하고
줄여 쉬고 늘려 기도하면서
간간히 법당 보살님이랑
커피 마시며 법담도 나누곤 했지

책갈피처럼 넘겨 보낸
다 가버린 날
그 아름다움에 짓눌린 가슴은
이따금 눈시울을 뜨겁힌다

지금으론 최북단
금강산을 깔고 앉은 건봉사
육백 수십 칸의 대가람이
동그랗히 일주문만 남긴 채
육이오 때 전소되었다가
이제
그 모습을 드러내 가는 건봉사

지난날
아미타 만일기도로
옛 스님들 서른한 분이 함께 떠나신
유골 부도탑전 흙바닥에서
엎드려 절하며 탑돌이 할 때 마음
그때 그분들의
간절함으로 젖어들었다

나무아미타불
나무아미타불
나무아미타불
_병자년 구월 상순

대작불사 회향에

얼마만인가
봉정암 대작불사 회향 소식에
왜 그러히도 기뻤던가
연년이 다니면서
불사에 마음 두어온 탓인가
온몸으로
회향에 동참하려 기어이 나섰다

꼬박 밤을 새워 백담사에 이르러
종종 걸음으로 외설악을 오른다
석가모니불 석가모니불
부처님을 부르며 지루함도 모르고
막바지 깔딱고개 넘어서
도착하니 늦은 세 시
석등은 굵은 오색띠를 두르고
늠름한 이백계단은 버티고 있었다
삼보반배로 사리탑전에 오르니
백팔번뇌 저절로 풀어 놓아 진다
때마침

태양이 부서져 내렸던가
꿈인 듯 몽롱히
온몸으로 받은 오색광명에
너무나 놀라웠던 사실
아련히 남아 지워지지 않는다
뜬눈으로 그 밤을 새고
새벽예불을 마치고
대작불사 회향 타종의 힘찬 메아리로
설악산 전신을 휘감아 놓고
하산을 서두르는 눈앞에도
이슬처럼 안개처럼
오색광명이 아른거린다

숱한 세월이 가도
숱한 세월이 와도
새까맣게 지울 수 없을 그때 그 순간
눈감으면 지금도
그때처럼 그때처럼 만날 수 있다
광명이 쏟아져 내리던
봉정대상 불뇌보탑전

나무석가모니불

법보종찰 보살계 수계

올해는 기어이 나섰다
수계 차 해인사로
곱게 물든 가야산을 한눈에
한마음 가득 채워 일주문을 들어섰다
팔만대장경을 모시고
조계종단 종정스님이 계시는
법보종찰 해인사
조금은 늦었지만
망설임이나 핑계 따위를 팽개치고
나설 수 있었음을 감사한다

무명중생이긴 하지만
지난 시절 가난했음을 훌훌 털고
빈손으로 가야 함을 진작에 아니
얼마나 귀한 일인가
계를 받음도 소중하지만
지니고 행함이 더욱 소중하리라
새삼 자신을 돌아본다
나이도 그만그만 갈 즈음이다

가벼이 떠날 수 있도록
임종 준비, 이어질 다음 생 준비
그 모두 소홀할 수 없어
이러히 실천 수행하는 마음 늘 있어
오지랖에 감사하는 마음 싸고 산다
복이 많은 건가
운이 좋은 건가 때마침 더 좋은 기회로
종정 큰스님께 수계를 받으면서
또 다른 계법을
또 다른 신심을 받아 안은 듯
기쁜 마음은 한아름이다

계첩을 받아 안고
여법한 수행자로
더욱 열심히 정진하려는 다부진 마음
괘불전에서
장경각에서
제이 제삼 마음 다지면서
법보종찰 해인사
보살계 수계
장엄한 막이 내린다

석굴암 부처님

지그시 내려뜨시니 눈으로
넓은 세상 다 보시고
고이 다무신 두 입술에서
무언설법 들리어 오나니

님의 무릎 아래 엎드린 마음
거두기 어렵사옵니다
당신께서 펼치신 밝은 세상
꿈을 꾸는 이에겐 흐릿하지만
그 꿈 깨면
광명천지 대명천지이옵니다

미혹한 저희들께
이런 세상 있게 하신 님이시여
수미산을 우러러
오체투지로 오른들
그 은혜에 미치오리까

님의 법음으로 흠뻑 젖은 가슴

은혜의 얼룩이 마르지 않나이다
시간이 가도 세월이 가도
점점 더 가까워지는
님의 숨결 따라
보리심은 보리행원으로
보리도에 이르오리다

그토록 엎드려 절해도
그토록 소리쳐 당신을 불러도
육신의 어느 한 부위도 닿지 않았습니다
소리 없이 밝아져가는 마음 곁에
소리 없이 괴로움은 어스러지고
소리 없는 행복은 쌓여져 갑니다

님이시여
거룩한 님이시여
이대로 엎드려
돌이라도 되고 싶은 마음
어이 하리까
헤아려 주소서
거두어 주소서
나무석가모니불

나의 친구 커피 한잔

어쩌다 육신이 떼를 쓸 때도
한마디 말도 없이
그를 달래주는
누군가 몹시 그리울 때도
그가 되어 마주 앉아주는
훌쩍 떠나고 싶을 때도
함께 떠나 줄 수 있을 것 같은

나의 친구 커피 한잔

숨죽여 들여다보노라면
떼놓을 수 없는 나와의 인연
육신의 한 부위
마음의 한 부위와도 같은
내 다정한 친구 커피 한잔

가장 가까이에서
내 마음이랑 너무나 상통하는
피보다 진한 골육보다 끈끈한

나의 친구 커피 한잔

어느 누구에게도
그토록은 치근댈 수 없는
언제나 기대어도
내 포근한 친구 커피 한잔

찬 커피 더운 커피
너무 내 마음대로였었지
미운 정 고운 정 얼버무려
내 숨 쉬는 그날까지
난 이대로 당신을 사랑할래

나의 친구 커피 한잔

탐욕도 번뇌도 다 내려놓아
수천 수만 잔이 되어도
언제나 그 이름은 커피 한잔

멀지 않은 어느 날
다시는 사랑할 수 없는 친구
그리운 친구가 되어 버릴지라도
좀처럼 멀어질 것 같지 않은
언제나 사랑할 수 있을 것 같은

나의 친구 커피 한잔

난 당신을 너무나 사랑하기에
마음 한 자락에 고이 묻어 둔다오

백팔일 기도 회향

항상 기도하지만
내가 만든 두 번째 백팔일
장장 열 시간
훗날 돌아보면 무척 장엄스럽다

이번에도 동짓달 초하루부터
성도재일 출가재일 열반재일 지장재일까지
부처님 바라보며 더 진한 신심을 내려
다부진 이름 동안거로 부쳐 보았지
그 막바지에
삼천 배 참회기도까지 보태졌으니
고행의 벼랑 끝에 바싹 다가선
흰희심도 그만큼 컸다

오늘 새벽 회향을 맞아
가느다란 향 한 개비
풍겨나는 고행의 아름다움으로
나의 도량을 가득 채우면서
타 내린 몸 떨구며 영혼은 홀홀 나른다

향로에 묻힌 몸 속속드리 태워 내리는
한 생명 다함을 내게 맡기듯
나를 향해 나른다
그 참모습 아리따움을
내 영혼에게 실어주고 싶다

언제일는지
기다렸듯 나도 가야지만 하는데
달구어진 마음께 육신께
항상 고마워하면서
미련 없이 두려움 없이 가려고
한 생을 다 바친 정진으로
다음 생은
더 다부진 수행자를 서원하나니
이 서원을 힘입어
모든 불자님들의 신심이 두루하여
깊은 샘물 솟듯 하소서
이러히 간절함으로
회향 발원하옵니다

나무석가모니불
나무석가모니불
나무시아본사 석가모니불

삼복기도

병자년에 이어 정축년
두 번째로 삼칠일기도
첫 지하철에서부터
시작되는 나의 하루
꼭두새벽부터 무던히 바쁜
스무하루기도 사흘째 날이다

속옷 겉옷 다 적시며
나무묘법연화경
나무묘법연화경

독경하다 사이사이 절을 한다
몸과 마음이 참으로 하나 되어
법화경전 한 권을 모시고
불을 지피면 붙을 것같은 하루하루

절을 하며 독경 하며
부처님 쳐다볼 시간도 없이
법당 안에서 내닫는 열 시간여

묵묵히 내려다보시다가
조용한 미소도 지으셨으리라

하온데 갑자기
파도처럼 밀어닥친 불호령이 웬 말인가
졸다가 죽비에 얻어맞은 듯
정신이 아찔했다
순간 무슨 생각을 했을까
겨우 삼 일째 날
까마득히 스무하루를 걱정할 때
부처님은 어떻게 아시고
불호령을 내리셨을까

다시금 마음 가다듬어
남은 삼육일
다시는 허점이 없으리라
누가 시켜서도
누굴 따라서도 아닌
내 스스로 찾아 행하는 길
어찌 게으름을 낼 수 있으랴

마지막 칠월 삼십 날은
파아란 창공을 나르며
법화경을 읽어 만방에 회향하리다

제주도 불사리탑사에서
하루를 묵고
다음날은 마라도 기원정사로
찾아갈 것이다
하늘과 바다 사이를 홀홀단신으로
이 몸 벗어놓고 갈 연습이라도 하듯
설레는 가슴 안고
혼자서 떠날 것이다

나무석가모니불
나무묘법연화경

부산에서 서울까지

향 한 갑, 초 두 자루, 쌀 서 되를 챙겨
부산에서 서울까지
한번 가보고 싶었던 길, 긴 여정
커다란 목표를 안고
체력의 한계를 넘어본다

시절인연이 도래됨을 놓칠 수 있겠는가
매달려서라도 잡아야지
삼백 날이 가깝도록 다져온 마음
기어이 불씨를 지핀다

서울 정토법당에서 시작한
통일염원 천일정진 이만사천 시간
그 이름도 얼마나 거룩한가
그 도량에 몸을 담고
관세음보살님과 하나 되어
한 생각 일념 일념이면
철조망은 번뇌처럼 녹아나고
삼팔선이 활짝 열리리라

순간의 간절함은 눈시울을 뜨겁힌다
잔잔히 내려깔린 마음은
마치 그날인 듯 밝아 있다
내 보금자리 떠나 정토에서 스무하루
바라보니 제법 긴 시간이다

행여 감기몸살이라도
그래서 약 사흘 분을 준비했다
전화도 하지 마라 죽은 듯 살다 올께
이러히 나선 걸음
사바세계를 떠나
정토세계에 이르는 마음이었으니

바깥세상
삼칠 년과도 바꿀 수 없을 삼칠일
전신에 꽃비를 맞으러 간다
이러히
내가 만든 긴 터널을 빠져나와
돌아보는 스무하루 얼마나 아름다울까

여지껏 못했던 일
새로이 영그리는 기쁨
부처님을 만남과 무엇이 다르랴
스스로 만들어가는 하루하루

이것이 나의 삶이다
얼마나 풍요로운가 한가로운가
한 송이 연꽃을 피워내는 마음
환희로워라 아름다워라

이 모두
부처님의 은혜임을 새기며
간절히 간절히 더욱 간절히
관세음보살님과 함께 하리다

너무 힘들던 날

통일염원 천일정진에
동참 열 하루째
마치 육신이 무너져 내리듯
너무 힘들었던 날
한 시간 쯤 늦춰 볼까 망설이는데
마음이 나선다

준비해 온 약 한 봉지를 털어 삼키고
믹스커피 찬물에 휘저어
멍울멍울 한 채 들어 마시어
비상용 청심환 하나
그것도 반쯤 꽉 깨물려서
마음은 주저 없이
육신을 데리고 법당으로 갔다

날마다 멈출 수 없는
일진행이란 이름이 부끄럽지 않은가
응 알았어 미안해
이러히 육신을 조복하여

관세음보살 관세음보살 관세음보살

때에 집전이 아니었기에
합장했던 두 손을 풀어
왼손으로 가슴을 누르고
오른손으로 덮어 누르며
관세음보살 관세음보살 관세음보살

찡한 가슴에서 왈칵 눈물이 솟는다
떨림이 섞인 목쉰 염불소리는
잘 나오지 않은 소리를 끌어올린다
간신히 뚫려 나오는 염불소리에
언제인 듯
육신의 피곤은 가셔지고
어디선가 자신도 알 수 없는
통일의 열정이 달아오른다

이러히 힘듦을 겪으면서도
이것이 내 삶의
기쁨이며 보람이니 어쩌랴
관세음보살 관세음보살 관세음보살

통일염원

너도 나도 누구나도
참여할 수 있는 정진의 마당
한 시간 한 시간이 한 사람 한 사람이
모여서 쌓여서
이만 사천 시간 이만 사천 사람

그 하루하루마다
희열에 차오르는 염불소리 목탁소리

평양을 넘고 신의주를 넘어
백두산 천지를 향해
밤낮을 이은 이만 사천 시간

두들겨 깨운 무지는
지혜의 새 옷으로 갈아입고
만면에 밝음으로
마치 어제가 없었던 듯

세상은 바뀌어

나는 북으로 너는 남으로
달려가서 달려와서 얼싸안을 날
어디만큼 오고 있을 것 같다

나 이번 길
어렵게 어렵게 만들어 낸 기회
이 한 몸 절을 하다 쓰러진들
목탁을 치다 관세음보살을 부르다
이대로 굳어진들 어떠랴

아름다운 영혼과도 같은
간절한 통일의 염원이
수미산처럼 쌓여져 간다
관세음보살 관세음보살 관세음보살

정토의 소망을
우리 모두의 소망으로
이루어내리 이루어지리

백팔일 기도 이레째 날

날마다 계셔 봐도
미혹하여 알지 못하니

막 갈아입으신 듯
황금빛 번쩍이는 그 몸으로
꿈속에 나투신
두 분 부처님
한 부처님 누우시고
한 부처님 앉으셨네

제 스스로 꽂은 깃발이긴 하지만
그 정상이 너무 멂을 아시고
힘주시려 오셨나요
현존하신 듯
내 곁에 오셨네

그 성스러움 속에
님의 은혜의 소리
가피의 소리

소리 없는 소리로 다가오네

와도 있는 것이 아니고
가도 없는 것이 아니니라
항상 있듯이 없고
없듯이 있느니라

가슴을 밀고 드는
소리 없는 님의 소리
한순간 놓치지 않고 새겨 담아
기어이 백팔일 해내겠습니다

나무석가모니불

백팔일 정진 서른째 날

새벽예불에서 시작되는
나의 하루
부처님께 힘자랑이라도 하듯
경전과 씨름이라도 하듯
긴 종일 노가 실이 되도록
스스로 만들어가는
나의 일과
지칠 만큼이나 흥미롭다

절 독경 염불
사이사이 백지 위에 마음도 그리며
백 시간 천 시간 만 시간
아무리 쌓은 들
무거우랴 넘치랴
기막힌 장엄이지 않는가

숨겨놓지 않아도
챙겨두지 않아도
차곡이 쌓여가는 기막힌 장엄

행여 거금으로 구했다면
겹겹 잠근 금고 속에 넣어 두지 않았을까

행, 주, 좌, 와
버릇처럼 두 손이 가슴 앞에 모아지는
금생에 와서 만든 나의 업

부처님을 생각하며 잠이 들고
부처님을 생각하며 일어나는
꿈을 꾸는 속에서도
깨어있는 속에서도
오로지 그 한 생각으로
내 안에 자리 잡은 나의 신심
어떻게 마음 밖에 내 놓을 수 있으랴

세상 사람들께
들려주고 싶어도 보여주고 싶어도
가슴으로 들어주는 이
가뭄에 콩 나기다

그냥 이대로
나만이 즐겨 쫓아감도
넉넉하고 푸근함이다

혼신을 다한 백팔일 정진 서른째 날
어쩐지 넓은 세상 만행 길 같다

나 여기까지
붓다의 은혜 허공 같사와
이러히 엎드려
가슴으로 큰 절 올리옵니다

나무석가모니불

백팔일 정진 아흔 닷새째 날

새벽 네 시 반
오분향례를 시작으로

백팔일 정상의 깃발을 향해
부처님을 부르며
천팔십 절을 하고 나니

등에 식은땀이 오싹한데
인간의 힘이 무한함을 깨운다

앉으나 서나
부처님을 모신 마음
입버릇처럼 흘러나오는

불생 가비라
성도 마갈다
설법 바라나
입멸 구시라

나도 모르게
님을 찬탄하는 소리 새어 나온다

그때마다
부처님 성지를 도는 마음
태양처럼 떠올려진다

이제 남은 열사흘
더 열심히 해낼 수 있는 마음

가을 산처럼
이글이글 불이 붙는다

가깝게는 어제 오늘 내일
멀리는 전생 금생 내생

그 마다의 하루하루
지난 그 속엔 무엇이 담겼을까
오는 그 속엔 다른 무엇이 담길까

진 참회와 대 정진으로 늘어난 마음
가까스로 괴로움 쉬어지고
기쁨으로 채워지면서
부처님 바라보며 내닫는 걸음

이러히 행복해 하며
한가슴 차오른 기쁨을 안고
서서히 회향으로 간다

마하반야바라밀

백팔일 정진 회향을 맞아

난행고행의 하루하루
굳은 인내로
모이고 쌓이어
한 백 여드레가 지나면
백팔일 정진 회향이란
이름이 되겠지

그 행
말처럼 쉽지만은 않다

멀고도 먼 살얼음판을
정진의 힘으로
견디어 온 지난날
강산이 변해간 세월이 되었다

까마득히 먼
정상을 바라보며

새벽예불에 이어

일만 염불
삼천 광명진언
일천팔십 절을 하고
금강경
보문품
아미타경
극락세계 발원문
이산 혜연선사 발원문
화엄경 약찬게
법화경 약찬게
대다라니
츰부다라니
열 독씩을 하는 장장 열 시간여
무슨 용기로 해낼 수 있었을까

정진 속에 파묻혔던 몸과 마음
그냥 그러히
앞 시간은 가고 뒤 시간은 왔다
허공을 가득 채운 듯한 충만으로
잔뜩 채워 안은 기쁨

회향이란 그 이름으로
병고에 시달리는 모든 분들 속득 쾌차하여
온 인류는 건강히 백 년을 향수하여지이다

유연무연 법계에 모든 영가들이 일시에
이고득락 하여지이다

일체중생들이 모든 고통 모든 재해
모든 괴로움을 여의어 법다운 삶
지혜로운 삶이 되어지이다

우리나라 남북통일 되어
세계 속에 불국정토로 만세 만세
우순풍조 세계평화
만만세 하여지이다

일념의 회향발원으로
느껴오는 무한한 기쁨

이대로 잘 죽을 수 있도록
부지런히 정진하며 더더욱
잘 살아야겠다는 다짐으로 굳혀진다

나무석가모니불
마하반야바라밀

마음이 그려낸 영산회상

불현듯 일어선 마음 따라
머나먼 세월을 거슬러
그때 이천육백 년 전
부처님이 머무셨던 곳인 듯
부처님을 부르며 돌며 절하며
금강경을 읽으며
영산회상을 그려내는 복된 이 자리

선에도 악에도 주하지 않는 마음
곧 성품의 본질이겠지요
한결 드높은 가을하늘 아래
오늘을 만나서
오늘을 행하며
오늘을 보내는 마음
세상 것 무엇으로 비유할 수 있으리까

뜻이 닮은 도반들과
만남은 곧 행함이요
행함은 곧 헤어짐으로

칠 개월 간 초하루 열하루 스무하루
삼칠일을 환상 같은 실행으로
가슴 뿌듯하옵니다

어차피 다람쥐 쳇바퀴 돌 듯
반복되는 삶인 것을
이색 정진의 반복으로 전환해 봄도
한결 멋스럽지 않은가요

누구도
행하지 않는 돈독한 신심의 예로
열흘씩 묶어놓고 기다림도
부처님을 뵙는 기쁨의 큰 몫이었습니다
불자로서의 위없는 행복이옵니다

불보종찰 통도사
부처님 정골사리 부도 탑돌이
그 이름도 일보일배
온 정성 다 모은 오체투지로
가없는 마음
송두리째 바치옵니다

때에
내가 마치 대지이듯

내가 마치 대해이듯
내가 마치 허공이듯
세상 모든 것을 포용할 것 같은 마음
티없이 청정한 평정의 자리 아닐까요

지금 이대로에
다함없는 충만을 부여안고
이 영혼이 다하여지이다

나무석가모니불

도반

우리
부처님을 인연하여 만난 사람
어찌
세간 인연과 같을 수 있으랴
신심이 깊고 넓어질수록
부처님 닮아가기에 분분
한가로움 속에서도
세상 것을 좇지 않네

스스로
미혹함을 구기지 않아
수행과 정진
참회의 길목에서
마음 쉬어가며
우리
충만으로 나선 길

탐진치를 내려놓은
깊은 사랑

깊은 신심으로
유구한 세월
이천육백 년 전을
지금인 듯
바람을 거슬러
풍기는 그윽한 향기 따라
충만으로 익어가네

정해년 시월 일일부터
무자년 오월 십일까지
생각 생각
부처님 생각으로
국지대찰
불지종가
영축총림 통도사
부처님 정골사리 부도
탑돌이
부처님 부르며
일백여덟 번 돌고
일보 엎드려 일 배로
스물한 번 도는
그때마다
금강경 독송하며
한해를 보내는 마지막 달 납월은

80화엄 전독 약찬게 수백 독
그 큰 장엄으로
다함없는 정진 속에서
마음은 스스로 쉬어지네

무자 새해를 맞으면서
일체 중생들의 진 참회를 서원하는
천배 공양을 올리면서
보다 넉넉해지는 마음은
보다 아름다운 삶으로
보다 아름다운 죽음에서
보다 아름다운 내생까지
충만한 지혜로 영글어지이다

마하반야바라밀

삼칠일 열한 번째 날

시작이 반이라
정말 그렇구나
일일 십일일 이십일일
부처님 뵙고
엎드려 절하며 도는 날
오늘 열하루째 날이다

삼사일 전부터
마음이 다독거려진다
기다림
그 즐거움도 만만치 않다

아침 일찍부터
서둘러 준비하는 마음
환희의 설레임이다
도반과 만남 곧
부처님과 만남이며
버스를 타고 걷고
한마음 즐거움은

극락세계를 가고 있는 길목이다

내 마음이 이럴진대
세상은 더할 나위 없이 충만이다
아름다운 사바세계
극락이 어디 따로 있으랴
내가 극락을 만들면
이 몸 바꾸기 전에
바로 여기

아주 가까이에 극락이 있다
이 극락에서 살아야지만
다시
극락에 태어날 수 있다

마하반야바라밀

님 가까이에서

고이 내리뜨신 눈
어쩜 그렇게도 넉넉하실까
서서 바라보면 멀어 있는 듯
꿇어앉아 우러르면
한번쯤 눈 맞추어 주실 것 같은
님의 부르심 곁에
묵묵히 엎드려 절하옵니다

세상 것 다 내 것이어도
기쁨 더 아니옵고
세상 것 다 남의 것이어도
괴로움 그 아니옵니다
님 가까이 더 가까이에서
님 바라보는 마음만으로도
세상 기쁨 다 가지고 있사옵니다

인연이 다하면
속절없이 가야 하나니
오늘이 그날일지라도

후회하지 않으려
여섯 바라밀행에도
인색하지 않으렵니다

한번쯤 손 내밀어 주실 것 같은
님의 부르심 곁에
오늘도 엎드려 절하옵니다
넉넉하니 이 몸 있을 때
님 가까이 더 가까이에서
후히 살다 가길 서원하옵고
정진 수행하는 잰걸음으로
세상 기쁨 다 가지고 있사옵니다

세세생생 이 영혼이 다 하도록
님 가까이 더 가까이에서
예배하고 정진함을 발원하옵니다

나무석가모니불

일진행

1936년에 태어났다. 결혼 후 시조모님과 시어머님을 따라 절에 다니기 시작하였다. 처음에는 단지 기복적인 바람만을 가지고 불교를 믿었으나, 40대에 들어서 집안의 큰 어려움을 겪고부터 정법에 눈을 뜨기 시작하였다.

이후 불교란 자기를 다스리고, 자기를 만들어 가며, 자기의 운명을 바꾸는 길이라는 믿음으로, 스스로 계획을 세워 30여 년 동안 스님만큼이나 엄격하게 신행생활을 해오고 있다.

지난 삶의 기록이자 신행생활의 자취를 담은 『노보살 일진행의 행복한 고행』(수행일기)과 『허공 속의 무영탑』(시집)을 펴낸 바 있으며, 이 책은 두번째 신행시집이다. 그야말로 마음이 움직이는 대로 쓴 시들이기에 현란한 기교나 수사는 없을지라도, 칠순 노보살의 신행에 대한 치열함과 부처님에 대한 절절한 마음이 고스란히 묻어난다.

내 마음속 영산회상

초판 1쇄 인쇄 2010년 5월 6일 │ 초판 1쇄 발행 2010년 5월 14일
지은이 일진행 │ 펴낸이 김시열
펴낸곳 운주사
          (136-036) 서울 성북구 동소문동 6가 25-1 청송빌딩 3층
전화 (02) 926-8361 │ 팩스 (02) 926-8362
ISBN 978-89-5746-248-5 03220 값 10,000원
http://www.buddhabook.co.kr